Poetry Slam
2004/2005

Rotbuch Verlag

POETRY SLAM
2004/2005

**Herausgegeben von
Hartmut Pospiech und Tina Uebel**

Bibliografische Information Der Deutschen Bibliothek

Die Deutsche Bibliothek verzeichnet diese Publikation in der
Deutschen Nationalbibliografie; detaillierte bibliografische Daten
sind im Internet über http://dnb.ddb.de abrufbar

2. Auflage
© Rotbuch | EVA Europäische Verlagsanstalt, Hamburg 2005
Umschlaggestaltung: projekt ® | Barbara Hanke, Hamburg
Bildmotiv: © photolibrary.com/photonica
Herstellung: Das Herstellungsbüro, Hamburg
Druck und Bindung: Fuldaer Verlagsagentur
Printed in Germany
Alle Rechte vorbehalten
ISBN 3-434-54520-4

Informationen zu unserem Verlagsprogramm
finden Sie im Internet unter www.rotbuch.de

Poetry Slam
2004/2005

Inhalt

Hartmut Pospiech Vorwort **10**

1. Jugend

Martin Betz Die Schrauben **13**

Sebastian Leber Tod und Verderben dem Multiplex-Commander **15**

Dan Richter Knuts Katapult oder Die harte Strafe **18**

Markim Pause Partyspiele **20**

Frank Klötgen Im Schwitzkasten von Mike Deter **22**

Finn-Ole Heinrich Bärentochter **25**

Matthias Meppelink oder vielleicht rio de janeiro **27**

2. Daheim

Gordon Roesnik Sieben Petitionen **28**

Stevan Paul Mörderhitze **34**

Xóchil Schütz Rot, rot, rot **37**

Nico Spindler Ein Mann, für den eine Welt da draußen existiert **39**

Nina Ender Die haben wieder gegraben **41**

Dalibor [Holzstuhl, am großen runden Tisch, vor Tagesanbruch] **47**

Ursula Schötzig Zimmergespräch **47**

Ivo Engeler Elektriker **49**

Lino Ziegel Kafka **50**

Robert Cohn Wieder mal gibt es mich noch **50**

Stan Lafleur winter **52**

3. Unterwegs

Tobi Kirsch wechsel das hemd **54**

Hartmut Pospiech masken wie diese **55**

Henning Chadde Strandsplitter, Griechenland Null Null drei **61**

Paula Coulin »Schlamm!« – ein Dreiteiler **65**

Stefan Schrahe Aldi-Süd **67**

Sebastian Krämer Die Wange im Wind **70**

Nina Heinzel Wind **73**

Oliver Gasperlin Der Gipfel **74**

Mario Schreiner Rote Grütze **77**

Thomas Glatz ein einzeiler/zwei zweizeiler/drei dreizeiler/vier vierzeiler **79**

Nina Ender Ein Lebensstück **81**

Ivo Engeler Das kleine rote Auto **86**

Sven Heine Slipper mit Bommeln **88**

Dagmar Schönleber Adrenalin – oder so **90**

4. Glück

Martin Schmidt strategien III **95**

Alex Dreppeç Im Schatten **97**

Alex Dreppeç Freifahrt aushalten **98**

Ursula Schötzig Und oben blau **99**

5. Unglück

Maroula Blades Cold Love **100**

Lydia Daher Ich will nicht dein Eskapismus sein **101**

Mirco Buchwitz Wiederkehr des Ewig Gleichen »strikes back again« **102**

Paula Posaune Mit freundlichen Grüßen oder … **105**

Boris Preckwitz honeymoon **108**

6. Wie die Tiere

Michel Abdollahi Kohlsuppe im Treppenhaus **109**

Simon Libsig Ich will **113**

Bud Rose Frauengerechter Pornofilm **114**

Knud Wollenberger Erfolg versprechend: Junior Broker beim G.V. **117**

Michael Helming Monstertour d'amour **118**

Katinka Buddenkotte Nur kuscheln **124**

7. Die Tiere als solche

Stan Lafleur moewen **130**

Nora Gomringer Mein Hund und die Thora **130**

Paul F. Cowlan Pig's Ear **132**

Johanna Wack Karl **133**

Stevan Paul Ich habe einen Traum **135**

Arne Rautenberg träumende eulen **138**

8. Unrat

Dirk Hülstrunk Das Ding **139**

Michael Schönen Verwandte Seelen im Dütt **139**

Michael Schönen Ode an die Kakerlake **140**

Mario Schreiner Parkhaus **140**

Matthias Meppelink READ lesergerät (andy warhol) **141**

9. Rat

Michael Schönen »-nunft« **143**

Florian H. H. Graf von Hinten Weniger Sensible haben klimatisierte Garagen **144**

Gabriel Koch Heute oder In der Zwangsjacke des Sozialen **152**

Timo Brunke Das Konstrukt **154**

Nicolette Kretz walk on by **156**

Renate Leukert Weinende Männer **159**

Florian Müller Frauen sind wie Kartoffelsalat **161**

Martin Betz Guter Rat **163**

Die Autoren/Die Herausgeber **166**

Vorwort
Hartmut Pospiech

Es gibt ihn, diesen kurzen, ungelenken Moment bei jedem Poetry Slam. Es ist der Moment, bevor der erste Dichter auf die Bühne kommt. Dabei haben wir, die Moderatoren, alles nach bestem Wissen vorbereitet: Wir haben fünf Zuschauer aus dem Publikum als Jury benannt und mit je einem Block und einem Edding für ihre Aufgabe versorgt. Zwei Menschen aus der ersten Reihe halten eine Eieruhr und einen Taschenrechner bereit, um die Zeit zu stoppen und die Wertungen zu addieren, die die Jury nach dem Vortrag auf die Blöcke schreibt. Und dann ist das Publikum meist auch schon ungeduldig, und es wird Zeit für uns, den ersten Poeten anzukündigen. Wir versäumen niemals, für diesen Ersten einen besonders lauten Applaus zu fordern, egal, wer er oder sie ist: eine völlig Unbekannte, die wir vor fünfzehn Minuten das erste Mal in unserem Leben zu Gesicht bekommen haben, oder ein Slam-Veteran, der die Zahl seiner Auftritte längst nicht mehr zählt. Denn der Erste hat es schwer. Er muss das Eis brechen, er muss sich die Gunst des Publikums erkämpfen, er setzt den Maßstab für alles, was sonst noch kommt an diesem Abend.

Und wenn es dann losgeht, nach Begrüßungspalaver und Jurybenennung, nach Eieruhrdemonstration und Regelerklärung, wenn ein donnernder Begrüßungsapplaus von über 200 Zuschauern losbrandet, dann kommt er, der kleine, ungelenke Moment bei jedem Poetry Slam. Es ist der Moment, in dem das Publikum vielleicht erst merkt, was einen Poetry Slam von einer normalen Dichterlesung unterscheidet. Denn: Jeder im Raum könnte der erste Dichter sein. Auf der Bühne stehen nur die Moderatoren. Es gibt keinen Backstage-Raum für die Dichter des Abends, es gibt keinen Vorhang, hinter dem sie hervortreten und plötzlich gefeiert im Rampenlicht stehen können. Es gibt nur das Mittendrin. Bevor der Erste die Bühne betritt, schauen sich besonders viele Zuschauer suchend um. Wer könnte es sein? Wer gehört zu dem Namen, der da genannt wurde? Ist es die stämmige junge Frau mit T-Shirt und Hosen im Tarnanzugstil? Das schüchterne Mädel mit Ohrring? Die verhuschte Hausfrau um die Fünfzig? Der Punk? Der Kerl im Kordanzug? Das ungelenke Bürschchen, das demnächst Abitur macht?

Und dann ist der kleine, ungelenke Moment beim Poetry Slam auch schon wieder vorbei. Weil jemand in der dritten Reihe aufsteht, sich mit einem Blick bei den drei Freunden, die mitgekommen sind, den letzten Mut holt für den kurzen, langen Weg auf die Bühne, oder sich einer von hinten durch die Wartenden drängelt und vor dem Mikrofon wartet, bis der Applaus verebbt ist.

Und wenn der Poetry Slam dann weitergeht, wenn Dichter auf die Bühne kommen, die uns faszinieren, solche, die uns überraschen, solche, die uns zum Lachen bringen, und solche, die uns langweilen, dann erscheint das alles fast schon wieder zu selbstverständlich: dass einer, der schreibt, einfach so an einem Abend mitten in der Woche in eine Kellerspelunke mitten in der Stadt geht, sich dort an der Bühne melden und einfach so zweihundert Leuten etwas vorlesen darf. Ohne Umwege über Verlage, Lektoren, Wettbewerbe, Stipendien, Fernsehen oder Feuilleton. Dass der, der vorliest, kein perfekter Entertainer sein muss, dass auf der Bühne seine Knie oder Hände zittern dürfen – und er vielleicht gerade deshalb geliebt wird. Dass manche Dichter nur einmal kommen. Und andere immer wieder, Monat für Monat. Dass manche immer gewinnen. Und andere nie. Egal, wie gut wir, die Moderatoren, ihre Texte finden. Und dass manchen die fünf Minuten auf der Slam-Bühne irgendwann nicht mehr genug sind.

Doch jetzt wird es höchste Zeit anzufangen. Wir, die Herausgeber, haben alles nach bestem Wissen vorbereitet: Die Regeln sind erklärt, die Jury sitzt bereit, auf die Eieruhr verzichten wir heute. Wir wissen nicht, ob es auch einen kleinen, ungelenken Moment in diesem Buch gibt. Beim Weiterblättern vom Vorwort zum ersten Text zum Beispiel. Wir wissen nur eins: Hier kommt niemand ohne einen donnernden Applaus auf die Bühne.

1. Jugend

Martin Betz
Die Schrauben

So war's, als ich klein war: 's gab Holz zum Zerbeißen,
Papier zum Zerreißen und Kiesel zum Schmeißen,
und Handkrem und Lehm zum Zermatschen und Klauben,
und Nase und Ohr von Papa zum Dran-Schrauben.
Doch beißt du, verkratzt was, und reißt du, zerplatzt was,
Zermatschtes wird wenig, Zerklaubtes hält eh nich,
und schmeißt man was, klackert's, dann ist es verschwunden.
Die Schraube hält stand. Sie hat alles verwunden.
Drum hab ich sogleich ihren Wert empfunden.
Ich kriegte kein Wort als Mjamjam! und Bähbäh! raus,
da hatte ich schon den entscheidenden Dreh raus.
Ich wußt: Wenn sich Popel im Atemweg blähen –
ein Finger genügt, um sie rauszudrehen.
Im Kuchen sind blöde Rosinen zu finden?
Ein Handgriff genügt, sie herauszuwinden.
Wenn Knoppers hoch oben im Küchenschrank liegen –
Klavierstuhl her, hochdrehn und flugs ihn bestiegen.
Der Notenständer hat schlaksige Glieder,
doch schraub dran – zack! abgesackt kauert er nieder
Das Kellerregal ist noch interessanter,
dreh linksrum die Schrauben, schon fällt's auseinander!
So kannt ich, noch eh ich ein Tier, ein Gewächs kannt,
schon Flachkopf und Rundkopf und Kreuzschlitz und Sechskant,
ich wußt, ist was eckig mit zackigen Enden,
das packt man von außen mit nackigen Händen,

und wo etwas rund und inmitten geschlitzt ist,
das packt man zentral, wo die Sache geritzt ist.
Ja, Schrauben sind glänzend, doch niemals empfindlich,
rotieren, doch wird ihnen niemals schwindlig,
sie binden nicht endgültig, aber verbindlich,
sie winden sich, sperrn aber unüberwindlich,
ein offnes Geheimnis, auch wenn sie versteckt sind,
banal und doch göttlich, weil sie perfekt sind,
sie lassen sich schmieren, doch trotzen dem Bösen,
sie bleiben ein Rätsel, doch kannst du sie lösen.
Ihr Motto ist mystisch und gleichwohl alltäglich:
Sei gradewegs fest, sei in Drehung beweglich.

Und hinkt etwas, biegt sich was, stellt sich was schief dar,
dann stellt eine Schraube das Korrektiv dar.
Z.B., wenn die Ticktackuhr nicht mehr im Takt geht,
dann dreh an der Stellschraube, bis sie exakt geht,
und wenn dein Musikinstrument gräßlich mißtönt,
dann schraub dran, bis sauber cis dis eis fis tönt.
Verschwendet die Heizung im Juli noch Hitze,
dann prüf, ob das Schraubventil sitzgerecht sitze.
Geschieht's, daß durch Sintflut die Welt überschwemmt ist,
schraub kräftig am Wasserhahn, welcher verklemmt ist.
Wenn Anstand und Freundlichkeit fort aus der Welt sind,
das kommt, weil die Gleichgewichtsschrauben verstellt sind.
Und wenn dich dein Partner zu Haus nicht verstehn kann –
auch da gibt's ein Schräubchen, woran er was drehn kann.
Du kannst es erfahrn und du merkst's an dir selber:
Perfekt ist der Mensch nicht, doch ist er verstellbar.
Und fühlst du im Leben dich untergebuttert
und merkst, daß dein Umfeld dich klemmt und bemuttert
und daß, was du redest, verdreht und geschraubt ist,
dein Lachen verstaubt ist, weil Glück nicht erlaubt ist,
und regnen tut's auch noch, du hättst es gern heller?
Komm, folg eines Flugzeugs Schraubenpropeller.

Kurv aufwärts ins Spätsommernachmittagsocker
und spür: Wo's sonst drückt, ist die Schraube jetzt locker.
Dreh auf – du wirst in den höchsten Winden
die ewige Windung der Schraubenform finden.
Ja, mächtigste Berge versetzt dein Glaube,
nur: lös zuerst die Befestigungsschraube.
Dann sprudelt die Welt als reiner Genuß.
Du schmeckst nichts? Öffne den Schraubver-
Schluß.

Sebastian Leber

Tod und Verderben dem Multiplex-Commander

Annette-Eva ist sechzehneinhalb, das schönste Mädchen der Welt und im Übrigen meine kleine Schwester. Niemand kennt sie so gut wie ich, denn sechzehneinhalb Jahre lang bildeten wir ein eingespieltes Team. Ich war für sie Jim-Bob und John-Boy in einer Person, und sie war meine kleine Regina Regenbogen. Wenn sich eine Spinne in ihr Zimmer verirrte, nahm ich ein Glas und beförderte das Tier sanft nach draußen. Und sie sagte danke, und ich war ihr tapferer Held.

Zusammen gingen wir durch dick und dünn, lernten Malen nach Zahlen und spielten den Nachbarn Klingelstreiche. Wir schauten zusammen fern und kannten alle Sprüche von Alf auswendig. Und später, als wir älter und tougher wurden, hörten Annette-Eva und ich das Rödelheim-Hartreim-Projekt und nervten damit unsere Eltern. Und jedes Jahr zu Weihnachten schenkte ich ihr »Was ist was?«-Bücher. Folge 124: Drogenmissbrauch. Folge 125: Deutsche Ostgebiete. Wir waren etwas ganz Besonderes.

Doch plötzlich ist alles anders, denn ein fremder Mann hat sich zwischen uns gedrängt. Annette-Eva ist zum ersten Mal verliebt, und das schon mit sechzehneinhalb. Der Kerl heißt »Wolfi«. Das kommt von Wolfgang, sagt meine Schwester. Das kommt von Geschmacksverirrung, sage ich. Wolfi ist ein Aufschneider vor dem Herrn, ein durchgestylter Karriereprolo mit Gel im Haar und Vakuum im Hirn. Er trägt Hugo-Boss-Pullover und hält *Fury in the Slaughterhouse* für eine gute Rockband. Er ist der Antichrist mit Sonnenbrille: außen Yuppie, innen Bademeister.

Wolfi hält sich für einen Gewinnertyp. Tatsächlich kann ich mir so einige Situationen vorstellen, in denen Wolfgang etwas gewinnen könnte. Zum Beispiel, wenn es einmal heißen sollte: Stellen Sie pantomimisch den Begriff »Riesenarschloch« dar. Oder beim Casting für die Rolle des Räuber Hotzenplotz von Ibiza. Zu gerne würde ich einmal sein polizeiliches Führungszeugnis einsehen oder zumindest seinen Abi-Durchschnitt überprüfen. Aber Annette will nicht, dass ich ihn darauf anspreche.

Das Schlimmste ist sein Alter: Er sagt, er sei 29, aber er sieht aus wie 31. Mindestens. Ich denke: Klar ist es scheiße, bald nicht mehr zur werberelevanten Zielgruppe zu gehören, aber deswegen muss er sich nicht gleich mit seinen schmierigen Grabbelhänden an meiner Schwester vergehen. Sagen wir mal so: Meine Schwester gehört zur »Generation Foto-Handy«, Wolfgang gehört zur »Generation Bunsenbrenner«.

Annette-Eva ist wirklich ein herzensguter Mensch, nur leider trifft sie manchmal die falschen Entscheidungen. Das fing an im Sommer '92, als sie unserem Hamster Kasimir im Pool das Schwimmen beibringen wollte. Doch der Hamster mochte gar nicht schwimmen, der tauchte immer nur. Seit diesem Zeitpunkt ist Annette leicht zu verunsichern, wendet in sieben Zügen und hat beim Fotografieren grundsätzlich den Daumen auf der Linse. Umso wichtiger, dass ich da bin und auf sie aufpasse.

Ich habe versucht, ihr diesen Wolfgang auszureden. Ich sagte: »Du, in zehn Jahren hört der Mensch bestimmt Marschmusik«, oder: »Ich hab's nachgerechnet, ihr passt von euren Aszendenten her überhaupt nicht zusammen.« Ich versuchte auch, sie abzulenken. Ich dachte da an Voltigier-Reiten oder irgendeinen Kurs an der Volkshochschule, aber sie sagte, dass sie dafür schon zu alt sei.

»Okay, du willst Männerkontakt? Wie wäre es mit Zahnspangen-Jens aus der Nachbarschaft oder ein paar netten Gays aus deiner Umgebung?«

Tatsächlich habe ich große Angst davor, dass Annette und Wolfi irgendwann einmal ... intim werden könnten. Ob es wohl ein »Was ist was?«-Buch über tödliche Geschlechtskrankheiten gibt? Ich versuchte, einen Keuschheitsgürtel bei ebay zu ersteigern – aber die Dinger sind rar und heiß begehrt. Offensichtlich gibt es da draußen viele besorgte Brüder und viele leichtsinnige kleine Schwestern.

Bisher konnte ich das Schlimmste noch verhindern. Das kleine Mikrofon aus meinem TKKG-Detektiv-Baukasten ist sorgsam in die Handtasche meiner Schwester eingearbeitet und ermöglicht einen recht guten Empfang. Die meiste Zeit redet der Typ nur von seinem neuen Tennisschläger, dem Multiplex-Commander 4.0. Aber sobald ihre Gesprächsthemen in Richtung Bienen und Blümchen gehen, rufe ich Annette-Eva auf dem Handy an und erzähle ihr was von wegen »Der Hund ist abgehauen« oder »Opa stirbt gerade«.

Letztens durfte ich Wolfis Familie kennen lernen: Vater, Mutter und er, das sind 3 Hackfressen, 6 Grabbelhände und 260 Kilogramm White Trash. Mindestens zwei Drittel davon gehören dem Vater: Hubert sieht aus wie das Fleisch gewordene Michelin-Männchen und hockt die meiste Zeit seines Leben vor dem Fernseher. Dann schaut er in den Nachrichten, wie irgendwo in der Dritten Welt wieder eine Bombe hochgeht und 25 Menschen sterben, und sein einziger Kommentar lautet: »Pack schlägt sich, Pack verträgt sich.« Ich würde dem alten, dicken Herrn gerne die Pest an den Hals wünschen, wenn ich doch nur einen Hals erkennen könnte.

Mutter Gudrun ist auch nicht besser – eine bizarre Mischung aus Trümmerfrauen-Ästhetik und DDR-Vergangenheit. Ich sagte: »Schau da genau hin, Annette. Möchtest du dich mit solchen Genen vermischen?« Aber dieser Wolfgang scheint meine Schwester bereits unter Drogen gesetzt zu haben – sie will die Wahrheit einfach nicht erkennen.

Mein Kumpel Norbert rät mir, die Sache wie unter Männern

auszutragen. Doch leider bin ich im Allgemeinen ziemlich harmlos, und wenn mir jemand böse in die Augen schaut, bin ich ganz schnell Harn los. So beschränke ich mich darauf, ihm nachts den VW Polo zu zerkratzen und heimlich Hundekot in den Briefkasten zu werfen. Außerdem hat er – dank mir – plötzlich sieben Zeitungsabos, Probleme mit der SchuFa und ist Mitglied im Bertelsmann-Buchklub. Vater Hubert wird neuerdings jeden Morgen um fünf Uhr vom Telekom-Weckdienst aus dem Schlaf gerissen. Das kommt davon, wenn man sich beim Kinderkriegen keine Mühe gibt.

Mein Kumpel Norbert sagt, ich sei wohl ein bisschen eifersüchtig und solle wenigstens mit den anonymen Droh-Mails aufhören. Und irgendwie hat er Recht. Vielleicht sollte ich wirklich abschalten und mich um mein eigenes Leben kümmern. Mal wieder Spaß haben. Etwas einkaufen gehen. Zum Beispiel ein besseres Richtmikrofon.

Dan Richter

Knuts Katapult
oder Die harte Strafe

Knut war manierlich und bescheiden.
Und jedermann mochte ihn leiden.
Morgens kämmt' und wusch er sich,
so dass er einem Engel glich.

Einst stand Geburtstag vor der Tür.
Papá frug Knut: »Was wünschst du dir?«
Knut sagte: »Ei, gar so sehr
wünsch einen Katapult ich her.«

»*Das* Katapult heißt's, und nicht *der*«,
entgegneté ihm der Vatér,

»doch ich will tun, was ich tun kann,
denn ich seh', du wirst ein Mann,
der was zum Schießen haben will.«
»Au ja! Au ja!« – »Nun sei doch still!
Dieses Geschenk will ich besorgen,
denn dein Geburtstag ist schon morgen.«

Am Tag darauf musst' Knut nicht suchen.
Das Katapult lag vor dem Kuchen –
aus Leder und Gummi, der Griff aus Holz.
Knut zeigte es Grit, der Schwester, stolz.

Dann sprang er fröhlich in den Garten,
um auf ein Opfer dort zu warten.
Drei lange Minuten, dann, plötzlich, horch!
näh'rte sich ihm ein schwarzweißer Storch.
Flugs den Stein gespannt und schrumm!
Tot war der Storch und fiel deshalb um.

»Oh, heut Abend gibt's Storchenbraten!
Welche Opfer kann ich hier noch erwarten!«
Elf weitere Vögel mit Engelsgeduld
erlegte Knut durch das Katapult.
Uhu, Krähe, Amsel und Spatz,
Elster und Marder – es war eine Hatz.
Der Tod des Marders – Verwechslung? Gemogel?
Denn der Marder ist ja nicht wirklich ein Vogel.

Doch dem Knut war das schon ein bisschen egal.
Und als Schwester Grit dann mit einem Mal
den Garten betrat – oh Gott! oh Graus! –,
blies Knut auch ihr das Lebenslicht aus.
Mit Vögeln und Marder in einer Reih'
war das Tanzen und Lachen für Grit nun vorbei.

Doch der Vater, der's vom Fenster erspäht,
kam herbei und nahm Knut weg das Gerät,
mit dem dieser die Vögel und Grit getötet.
Des Vaters Stirn vor Zorn war gerötet.

Er hob den Finger und sprach zu Knut:
»Einen Menschen zu töten, das ist nicht gut,
zumal Grit ja auch deine Schwester war.«
Zur Erde senkte sich Knuts Augenpaar.
»Sag, Vater, wirst du mich bestrafen?«
»Ja, du gehst heut um sieben schon schlafen,
damit du lernst, dass man so was nicht tut.«
Das war die harte Strafe für Knut.

*

Doch ich glaub, auch der Vater war etwas schuld,
denn er hatt' gebastelt Knuts Katapult.
Aber spät, noch in derselben Nacht,
haben Knuts Eltern eine neue Schwester gemacht.

Markim Pause
Partyspiele

Zu meinem fünften Geburtstag erlebte ich unter dem Kirschbaum im elterlichen Garten eine Runde Topfschlagen, die mich prägte. Lothar Koch zerbrach, in einem von starker Grobmotorik unterstützten Wutanfall, alle Holz- und Plastiklöffel meiner Mutter hintereinander und schrie dabei jedesmal wie ein Wahnsinniger. Die anderen Kinder lachten sich schlapp, nur ich schloß mich entsetzt im Badezimmer ein und legte mich in die Wanne, bis meine Gäste abgeholt waren.

Zehn Jahre später saß ich im Partykeller von Jens Jensen. Ich kannte Jens aus dem Tennisverein. Jens war ungewöhnlich groß, dick und bleich. Immer, wenn er ein weißes Polohemd und eine weiße Tennishose trug, dachten alle, er wäre nackt. Im Partykeller gab es Würstchen, Nudelsalat, Salzstangen und Cola. Wir spielten Flaschendrehen. Ich mußte eine ganze 1-Liter-Flasche Cola austrinken, ohne abzusetzen. Ich wollte mir natürlich keine Blöße geben und schaffte es, wobei mein Triumph nicht von Dauer war. Denn kurz darauf rülpste ich, wie ich noch nie gerülpst hatte. Das Röhren ging dann allerdings in ein Gurgeln über, und so kotzte ich Cola samt Nudelsalat wieder aus. Mein Freund Sam, welcher neben mir im Schneidersitz auf dem Boden saß, kotzte aus Solidarität sofort hinterher. Dann mußten wir gehen. Dies war im übrigen die einzige Party, auf der ich mich ohne den Einfluß von Alkohol übergeben mußte.

Als Jennifer Schmitz 18 Jahre alt wurde, richtete ihr Freund Dodo, den meine Kumpel und ich immer Dödel nannten, für sie eine Feier in der Laube des Schrebergartens seines Onkels aus. Wir waren zwar nicht eingeladen, hatten aber zumindest an ein Geschenk gedacht. Sam hatte ein überfahrenes Kaninchen auf Stroh in einen Schuhkarton gebettet und diesen dann in Tigerenten-Geschenkpapier verpackt. Die Überraschung gelang, das Hallo war groß! In dieser Nacht machten wir zum ersten Mal die Bekanntschaft mit zwei uns bis dato völlig unbekannten Drogen. Gin und Kokain. Irgendwann fingen wir an, mit der ersten leeren Ginpulle Flaschendrehen bzw. Wahrheit oder Befehl zu spielen. Nach den üblichen Aufgaben, wie *Knutsch mal die dicke Kerstin* oder *Iß ein Brot mit Marmelade und Senf und Maggi*, zeigte der Flaschenhals dann auch auf Sam. Dodo grinste, wollte Rache für Jenny und sagte: »So, du steckst dir jetzt die Salami vom Buffet in den Hintern!« Und Dödel dachte damals wohl, daß er einmal cool gewesen wäre, daß er gewonnen hätte. Aber Sam blickte ihm tief in die Augen und sagte ganz ruhig: »Das heißt nicht Hintern, sondern Arsch – du Arsch!« Dann schaute er mich an: »Pause, du machs dat!!« Also wankten wir zum Buffet, Sam ließ die Hose runter, und ich tat, wie mir geheißen. Allerdings steckte ich die Wurst vorher noch in die

Schale mit Kräuterbutter von Jennys Oma, schließlich wollte ich meinen Freund doch nicht verletzen. Im Nu war das Gartenhaus leer, die Gemütlichkeit vorüber, die Party, nicht nur für uns, vorbei. Zum Abschied pinkelte Sam, nachdem ich die Salami zurück auf die Wurstplatte gelegt hatte, noch in ein Glas mit Essiggurken, welches er dem Geburtstagskind beim Rausgehen mit folgenden Worten in die Hand drückte: »Wenigstens die kannste noch essen, die waren die ganze Zeit zu. Tut mir echt leid.« Aus einiger Entfernung hörten wir dann noch einmal Jenny, wie sie zu Dödel sagte: »Die sind ja ganz warm ...« Seitdem habe ich nie wieder bei einem Partyspiel mitgemacht, und es wurde uns von seiten unserer Mitschüler untersagt, auf ihren Feten wieder aufzutauchen. Aber eine Einladung haben wir eh nie gebraucht! PARTY ON!!

Frank Klötgen
Im Schwitzkasten
von Mike Deter

Transpiration – das wäre mein Geschäft. Ich verstehe mich gut und immer besser darauf, das Laborieren meiner Körperlichkeit aufs Heftigste kondensieren zu lassen – es läuft halt gut bei mir, was daran liegen mag, dass ich einen Teil meiner Kindheit im Schwitzkasten von Mike Deter verbracht habe.

Mike, das war der Tiger unserer Siedlung, der pirschte umher, suchte nach Streit und fand immer alles, was er benötigte, um nicht nur mich – aber gerne mich – in jugendprügelgebärende Streitereien zu verwickeln und zum Finale in seinen gefürchteten Schwitzkasten zu nehmen. Mit schwelenden Schläfen und schwellenden Augäpfeln keuchte man dann in Deters Klammer, ölte aus, was das Zeug nicht mehr hielt, und doch: Ich zögerte stets ein paar sauerstofflose Sekunden unter Deters Anorak, bevor ich auf sein Angebot: »Gibst du auf!? Gibst du auf!?« einging und aufgab.

Vielleicht sind es just jene Sekunden des Hinauszögerns, mein kindliches Verständnis von Tapferkeit, ja, vermutlich sind es wirklich diese Sekunden, die Schuld daran tragen, dass ich heute nicht mehr von Mike Deter loskomme. Denn obschon Deter unlängst meines physischen Wahrnehmungshorizontes entschwunden, packt mich regelmäßig ein Phantom seines unerbittlichen Würgegriffs, sobald es warm, heiß oder eng wird, dann bläht sich mein Kehlsack zu einem sehnigen Rohr auf, das sich in altgewohnter Manier um meinen Hals legt, zudrückt und nicht locker lässt. Ja, der Schwitzkasten, was sollte man es abstreiten: Ich trage Mike Deters Unterarm als Kindheitstrauma mit mir herum.

Damit kann man leben und schlägt sich so durch, hoffend, dass die hiesige gemäßigte Klimazone sich ihres Rufes besinnt und von Verirrungen in die höheren Bereiche des Thermometers absieht. Doch wie man weiß, sind unsere Sommer stets etwas unproportioniert. Da mag in den Gazetten vom kühlsten Sommer seit '47 gekrakelt werden – auch dieser birgt noch genug Tage in sich, an denen jede Bewegung zu viel ist, der Mensch schweißt und der traumatische Mike Deter bei mir zum Schwitzkasten ansetzt. Erst heute Morgen verspürte ich das verdächtige Zucken im Kehlsack bei einer Fahrt mit der Buslinie 47, die, wie es scheint, insbesondere von älteren Menschen genutzt wird, die ihre Restanwesenheit vergegenwärtigen müssen durch die völlig aus der nicht vorhandenen Luft gegriffene Vermutung, es würde hier irgendwo irgendwie ganz schrecklich ziehen. Da wurden die Fenster geschlossen, da frohlockte der Deter'sche Arm unter meinem Kinn, schwoll zu ganzer Muskelpracht und schnürte Sauerstoff- wie Blutzufuhr aufs Minimum – Zeit, sich einen Sitzplatz zu suchen. Die Wahl fiel, weil ebenfalls nicht vorhanden, auf einen jener Vierersitze, auf denen man sich direkt gegenübersitzt und die ganze Fahrt lang überlegt, wie man sich mit seinen Blicken beschäftigen soll, um nicht in Verdacht zu geraten, in der Intimsphäre seiner Platznachbarn hausieren zu wollen. Mein Gegenüber war in diesem Fall und Bus eine Mittdreißigerin, dezent unauffällig bis auf die Tatsache, dass auch sie einen männlichen Unterarm unter der Kinnlade mit sich trug. Mir schwante, dass solch ein Zusammentreffen zwangsläufig zu einem Gespräch führen würde, weshalb ich mich sputete, die Tageszeitung als Sichtschutz vor mir auszubreiten, doch zu spät – sie hatte mich und Mike Deters Unterarm bereits erspäht und auch schon Luft geschnappt zur Kontaktaufnahme in Form von:

»Ist das auch ein Scheidungstrauma?«

»Äh, bitte?«

»Der Arm! Unter Ihrem Kinn. Das ist doch ein Scheidungstrauma!?«

»Nein, eigentlich ein Kindheitstrauma.«

»Ach, so was gibt's auch?«

»Schon, ja. Und bei Ihnen?«

»Scheidungstrauma. Das ist jetzt schon alles drei Jahre her, aber ich komme einfach nicht von ihm los.«

»Hmm. Das kenne ich.«

»Ich hätte damals nicht so früh aufgeben dürfen. Ich hätte länger um uns kämpfen müssen.« Länger kämpfen? Später aufgeben?

»Äh, das ist bei mir aber ganz anders. Ich habe dieses Trauma, weil ich damals zu spät aufgegeben habe. Ich hätte mich eher geschlagen geben sollen.«

»Na, da sieht man mal!«

»Ja, wie man's macht, macht man's verkehrt!«

»Leider ist es mir unmöglich, dieses Gespräch mit Ihnen fortzuführen. Seit der Scheidung von meinem Mann ist es nämlich so, dass immer, wenn ich mich mit einem jungen Mann unterhalte, mir derart das Wasser im Mund zusammenläuft, dass ich mich ständig verschlucke! Teil des Traumas!«

»Kann ich gut nachempfinden – habe auch so meine Schwierigkeiten mit den Flüssigkeiten, wenn auch rein äußerlich: Ich transpiriere an manchen Tagen derart, dass mich die Schwere meiner durchnässten Kleidung vom Sitzplatz zieht und ich damit aus dem Sichtfeld meiner Gesprächspartner rutsche.«

»Schade! Dabei hätte dies so ein gutes Gespräch werden können!«

»Ja, schade!«

»Ja …!«

Ja! Aber ich mag nun mal keine »guten Gespräche« in meinen Texten! Altes Dichtertrauma, verstehen Sie? Tun Sie doch am besten so, als hätten Sie es gar nicht gehört. Danke.

Finn-Ole Heinrich
Bärentochter

Du bist schwach und ich bin stark. Du hast Pickel, ich bin dick. Du lernst viel und ich bin klug. Denkst du. Denk ich.

Du hast keine Narben. Deine Mutter liebst du heimlich; auf meinen Wunsch hin redest du schlecht über sie.

Beim Vorlesen zittert deine Stimme und im Sommer wirst du braun. Deine Haare sind schulterlang und du bürstest sie sechs Mal am Tag.

Du hast mich genommen. Du wusstest: Da war kein Risiko. Hast deinen Arm um mich gelegt und wir sind vorsichtig nebeneinander eingeschlafen.

Du kommst nicht von hier, ist was du mir oft erzählst, ist warum deine Mutter so unglücklich ist. Heimlich liebst du sie; heimlich verteidigst du sie; heimlich hasst du sie selbst. Du kommst nicht von hier ist deine Entschuldigung. Für viel zu vieles.

Die dort drüben duftet nach Haarshampoo und ihre großen Augen sind schwarz gerändert. Pickel hat sie nur nach zu vielen Partys und dann kann sie laut darüber lachen, ohne dass es scheppert. In den Pausen stehen die Jungs bei ihr, ich auch. Wenn wir uns die Zungen nicht durch den Mund drehen. Sie hat die hohen Schuhe und die Hosen, die unten weit sind; du hast alte Turnschuh und gerade Jeans. Vor Klassenarbeiten zitterst du. Einmal weinst du sogar und schreibst eine Sechs. Später rauchst du noch immer nicht, aber trägst die Hosen, die dir selbst fremd sind.

Als ich ungeschickt meinen Finger in dich stecke, denke ich daran, wie sich zuweilen dein Mund spreizt und sich zu Worten wie

Samenerguss verformt. Wenn ich dich streichle, musst du immer noch einmal auf Klo. Dann liegst du da, bist nackt (ich nicht) und sagst mit deiner Vorlese-Stimme, du kannst alles machen.

Ich denke, du solltest jetzt stöhnen und den Kopf hin und her werfen. Stattdessen liegst du gerade auf meiner weiß bezogenen Matratze und erzählst von deinem Sportverein und deinem Vater, dem Bären. Ich hasse deinen Vater heimlich und wasche mir die Hände.

Wenn wir denken, wir sollten leidenschaftlich sein, drücken wir die weit geöffneten Münder aufeinander, dass die Lippen spannen, und drehen die Zungen gegeneinander. Manchmal ist es gut. Manchmal küssen wir über Tage nicht.

Manchmal streichelst du meine Narben, über dem Auge, an den Knien, den Ellbogen und der Brust. Leise schüttelst du den Kopf, glaube ich.

Freitags hast du Zeit. Dann zählen wir die Minuten rückwärts, bis der Bär dich holen kommt. In seine Höhle, in der nur du Platz hast.

Deine Eltern haben dich früh geschwängert. Ich zahle die Alimente an ihre Ideen. Heute wünsche ich dir, du könntest deine Pferdezeitschriftenliebe, dein Seht-her-ich-bin-glücklich-Lachen und das Bild von dir, das an deiner Wand hängt, abtreiben, oder zur Welt bringen, es dann zur Adoption freigeben oder umbringen oder wenigstens großziehen und später in eine eigene Welt schicken. Du bist das Bild von dir geworden, das auch im Schlafzimmer deiner Eltern hängt. Meine Finger riechen noch immer nach dir. Dein Vater, der Bär, grüßt mich nicht mehr.

Matthias Meppelink
oder vielleicht rio de janeiro

da sind wir, trampeln täglich mühsam unsere schatten tot
lehnen an den autos, die neben der bushaltestelle stehen
wo in bleiern heißer mittagsstille haupt- und nebenwege
zu klebrig schwarzen eintags-fliegenfängern schmelzen

rollen tabak und papier in unsren händen hin und her
bis nach einer schnellen gegendrehung die gummierung,
erst angeleckt, dann zugeklebt, die zigarette schließt,
herausragende enden werden sorgfältig abgekniffen.

und der, dessen vater vielleicht bald gemeindedirektor wird
steckt ein streichholz und dann unser einziges handwerk an
es wird zugumzugumzug verraucht, und zugumzugumzug
wollen wir weg nach berlin, oder vielleicht »riodeschanero«

dann, während der qualm sich zu luft verweht, erzählen
wir durchgereichte, abgenutzte überfluss-geschichten
von jemandem, den kennst du doch, der wär jetzt da
und hätt es auch geschafft und wär jetzt wer und so

wir lagen vor rio –
und hatten die pest an bord

da waren wir, trampelten täglich mühsam unsere schatten tot
lehnten an den autos, die neben der bushaltestelle standen
wo in bleiern heißer mittagsstille haupt- und nebenwege
zu klebrig schwarzen eintags-fliegenfängern schmolzen.

2. Daheim

Gordon Roesnik
Sieben Petitionen

ERSTE PETITION

An die Wohnungsbaugenossenschaft Landfrieden
z. Hd. Frau Carstensen

Sehr geehrte Frau Carstensen,

einige Zeit ist vergangen, seit ich mich mit einem Anliegen an Sie gewandt habe. Ich bitte das nicht als Unaufmerksamkeit meinerseits aufzufassen, sondern vielmehr als Kompliment für die umsichtige und geschmeidige Arbeit, die Sie und Ihre Kollegen leisten. Mir ist bewusst, dass es eben diese Arbeit ist, der ich mein Rundum-Glücklichsein in Ihrer Wohnanlage zu verdanken habe. Dass ich es versäumt habe, mich dafür durch Dankesworte erkenntlich zu zeigen, bitte ich mir nicht übel zu nehmen. Sie wissen es ja selber, Zufriedenheit blüht in der Stille. Bitte fassen Sie es daher nicht als ungebührlich auf, wenn mein erstes Lebenszeichen nach so langer Zeit in einer, ich möchte nicht sagen Beschwerde, es ist eine bloße Petitesse, besteht. Vor einigen Wochen bekam ich einen neuen Nachbarn zugeteilt, den Herrn Freimann, einen, wie ich nicht bestreite, herzensguten, wenn auch etwas robusten Menschen. Robust im Umgangston, möchte ich sagen. Nicht, dass ich mich darüber beschweren will, ich bin ein umgänglicher Mensch und gehe mit der Zeit, und bin daher gewillt und in der Lage, mich auf die unterschiedlichsten Hausgenossen einzurichten.

Umso peinlicher ist es mir jedoch, dass aus der Wohnung des Herrn Freimann zuzeiten ein – wie soll ich es ausdrücken? – seltsamer Geruch dringt. Genau definieren kann ich diesen Geruch nicht, er erinnert mich an nichts Bekanntes, es ist so etwas Muffiges, Dumpfes. Ich bin mir sicher, dass Herr Freimann, der ja ein etwas robuster, aber ansonsten sehr umgänglicher Hausgenosse ist, sich dieses Geruches nicht bewusst ist, sonst würde er von sich aus Abhilfe schaffen. Nun ist es mir aber zu heikel, ihn direkt darauf anzusprechen, es könnte mich in ein falsches Licht rücken, Sie verstehen das sicher.

Daher meine bescheidene Bitte an Sie: Könnten nicht Sie auf Herrn Freimann zugehen und in Ihrer diplomatischen Art die Angelegenheit klären. Zum Beispiel im Rahmen einer routinemäßigen Wohnungsbesichtigung? Dies nur als Vorschlag. Dadurch könnte diese kleine Belästigung sicher ohne weiteres Aufsehen aus der Welt geschafft werden.

Ich bin mir sicher, Sie werden die richtigen Schritte ergreifen. Bis dahin grüßen Sie bitte Ihre Kollegen ganz herzlich von mir.

Mit freundlichen Grüßen

ZWEITE PETITION

An die Wohnungsbaugenossenschaft Landfrieden
z. Hd. Frau Carstensen

Sehr geehrte Frau Carstensen,

leider habe ich auf meine letztwöchige Petition keine Reaktion Ihrerseits erhalten. Ich bin betrübt. Ich kenne doch ihre akkurate Art und habe mich bereits auf Ihr Antwortschreiben gefreut, in dem die ganze Affäre sicher zur vollen Zufriedenheit beendet und erklärt würde. Doch ich habe nichts erhalten! Nun, womöglich sind Sie im Urlaub, und es trat ein Bearbeitungsengpass ein.

Leider muss ich Ihnen mitteilen, dass sich das Problem nicht gelöst hat in der Zwischenzeit, nach wie vor ist es dieser dumpfe, muffige Geruch, der durch die Zimmerwände in meine Wohnung zieht. Massiv zieht, möchte ich hinzufügen, und dass ich mich doch zunehmend gestört fühle.
Übrigens scheint auch Herr Freimann leider gar nicht kooperativ zu sein. Ich habe ihm ein Frischespray auf die Fußmatte gelegt mit einer Schleife darum, als kleines Geschenk und Wink mit dem Zaunpfahl, sozusagen. In solch heiklen Angelegenheiten muss man mit Umsicht vorgehen. Er hat es zwar mit in die Wohnung genommen, jedoch unter Kopfschütteln, wie ich durch den Türspion genau gesehen habe! Leider steht zu vermuten, dass er nicht gewillt ist, es anzuwenden.
Umso sehnsüchtiger erwarte ich Ihr Einschreiten und Ihr Antwortschreiben, nach dem ich bereits in täglicher Vorfreude meinen Briefkasten leere. Bislang leider vergebens. Liebe Frau Carstensen, lassen Sie mich bitte nicht länger warten!

Mit freundlichen Grüßen

DRITTE PETITION

An die Wohnungsbaugenossenschaft Landfrieden
Frau Carstensen

Frau Carstensen, ich bin bestürzt.
Nicht allein bestürzt. Erschüttert. Verdattert.
Fassungslos.
Ich frage mich wieder und wieder: Was habe ich getan? Was nur? Und komme zu dem Schluss: Nichts. Ich habe nichts getan. Eine einfache Petition habe ich gestellt, an meine Baugenossenschaft, eine Petition harmlosesten Inhalts. Mit akkurater Erledigung und einem entsprechenden Antwortschreiben hatte ich gerechnet, aber nicht damit.

Ich zitiere: »Ihre o. g. Beschwerde ist unseren Ermittlungen zufolge gegenstandslos. Wir bitten Sie, von weiteren Petitionen in dieser Angelegenheit abzusehen.« Diese kalten Worte, diese lieblosen, ablehnenden Worte. Ich lese sie ständig von neuem, wende das Blatt in meinen Händen und werde doch nicht schlauer daraus. Zweifeln Sie, geehrte Frau Carstensen, an meiner Integrität? Sie können es doch glauben! Wenn ich sage, es kommt ein dumpfer, muffiger Geruch aus der Wohnung des robusten Herrn Freimann, dann kommt dieser Geruch, Donnerlüttchen noch mal. Das müssen Sie doch wissen! Sie kennen mich doch! Seit Jahren!

Ich bin sicher, ich vertraue darauf, dass dies nicht das letzte Wort sein kann. Es muss da irgendein Fehler passiert sein. Hat etwa irgendeine Hilfsschranze dieses Schreiben heimlich verfasst und eingebrieft, in Ihrer Abwesenheit, um mir und Ihnen einen bösen Streich zu spielen? Irgend so etwas muss es doch sein. Es können doch nicht Sie selbst sein, verehrte Frau, die mir so etwas schreibt. Es muss doch irgendein Fehler sein.

Bitte geben Sie ganz, ganz schnell Antwort, und geben Sie Entwarnung, ich bin auch bereit zu verzeihen, aber bitte ganz schnell, und erlösen Sie mich aus dieser furchtbaren Situation.

Bis dann

VIERTE PETITION

An die Wohnungsbaugenossenschaft Landfrieden
z. Hd. Frau Carstensen oder wer immer diese Briefe liest

Das Maß ist voll. Mir meinen eigenen Brief kommentarlos zurückschicken. Kommentarlos. Wie soll ich das verstehen, Frau Carstensen, oder wer auch immer. Ich weiß schon, wie ich das verstehen muss. Ich bin ja nicht blöd. Nicht wahr.

Aber ich sage Ihnen eines. Und das lassen Sie sich mal gesagt sein. Ich lasse das nicht mit mir machen. Ich nicht. Oh, Sie haben bestimmt viele Mieter, und viele von denen sind eingeschüchterte Würstchen. Aber ich nicht. Ich lasse mich nicht VERARSCHEN, um es mal deutlich zu sagen.

Da staunen Sie jetzt wahrscheinlich. Dass ich Ihr Spielchen nicht mehr mitspiele. Nicht mehr zuvorkommend und höflich bin. Das hätten Sie wohl nicht erwartet.

Also, um es kurz zu machen: Ich erwarte ein Entschuldigungsschreiben. In aller Form. Von Ihnen und Ihrer ganzen Büroblase da. Und zwar pronto. Dann bin ich gern bereit, die Sache zu vergessen. Ich werde höflich sein. Zuvorkommend sein. So wie Sie mich kennen all die Jahre. Als wäre nie etwas geschehen.

So. Ich warte.

FÜNFTE PETITION

An die Wohnungsbaugenossenschaft Landfrieden

NA, HABT IHR EUCH SCHÖN ERSCHRECKT?

Ihr meint wohl, Ihr könnt mich hier verhungern lassen. Am ausgestreckten Arm. Aber nicht mit mir. Jetzt gibt's nämlich Kontra. Jetzt geht der Spaß erst richtig los. Kuckuck, Frau Carstensen, alte Schlampe. Sind Sie noch da? Lesen Sie eigentlich, was ich hier schreibe, oder kommen Sie gar nicht mehr dazu, weil Sie sich den ganzen lieben Tag vom Praktikanten durchvögeln lassen. Auf der Schreibtischkante, das kann ich mir richtig bildhaft vorstellen, da in deinem kleinen, piefigen Büro. Ihr seid da doch den ganzen Tag am Ficken und macht euch über Typen wie mich lustig, aber nicht mehr lange. Ruckzuck. Jetzt ist Zunder im Karton. Jetzt fängt die Ballnacht richtig an. Jahaa. Kein ruhiger Tag mehr jetzt. Rambazamba. Ruckizucki. Von nun an jeden Tag ein hübsches Päckchen von mir. Lasst euch überraschen. Dumpf und muffig.

Dieses Mal wars noch eine Attrappe. Dieses Mal.

Venceremos, ihr Scheißeimer!

SECHSTE PETITION

An die Wohnungssaugenossenschaft Landficken
z. Hd. der dummen Fotze Carstensen

Du kannst mich mal du dumme Sau. Dumme Fotze. Dumme Schlampe. Wartmal bis ich vorbeikomme. Ich komm und mach dich alle. Ich krieg dich. Schweinepriesterin. Du Kräuterhexe. Du Stück Scheiße. Du alte Bahnschranke. Du Vollsau. Du Carstensenfotze. Du Arschtritt. Du Schwanzlutscherin. Du Hohepriesterin der Genossenschaftswillkür. Du Marodeursflittchen du. Du. Du muffige Dumpfkuh. Du Kotzluke. Du Vollidiotin. Du Ichweißnichtwas. Du ausnehmend dumme Fotze. Du mirfälltgradnixein. Du egalichmachweiter. Du Sumpfkuh. Du dummes Stück Lehm. Du mit freundlichen Grüßen

SIEBTE PETITION

An die Wozukjnzschfff Lanfrudrwzponfm

Du dämliche Kuh du versoffenbe fAtlte berrfjl8ucht siest du und diene Iinder bis in eid dritte Geaneration sau ich mach diec du Altea Ar4rschfofzur du fickende Hünden du raüudige Koyoutin ddu alte Pottsaufds du damlichens Pfeife du fFoietzpielpe du Stück du Vioeiohfdkzhg dz u dn Arscchf icken rda alll3e ich m Böüpro irh könnt nmich ihcml mlaldu jurnfudnu gllaalwllwll unrufkur alllaejzeaajf al el öe lru elrl lfkzr lzrdljfek ee ajkla jekru ihr iekrj lauinkeji oaiur dsliur e
Aljkejklljkljseieiiela liefkleijnlaeruijldjfkeur erljdijkreifjdjreifjkjrkej jekrji iii eee aaaaaaaaaaaaaaaaaaaaaaaaaaaaaaaaaaaaaaaaaaaa aaaaaaaaaaaaaaaaaaaaaaaaaaaaaaaaaaaaaaaaaaaaaaaaaaaa aaaaaaaaaaaa

Stevan Paul
Mörderhitze

Eine Mörderhitze. Auch jetzt noch, kurz nach Mitternacht. Ich sitze, nur in Unterhosen, vor dem Fernseher und rolle mit einer kalten Bierbüchse über den Bauch. Die Hitze hat auch MTV erwischt, Wham kaspern in segeltuchgroßen weißen T-Shirts über den Bildschirm und freuen sich über den Club Tropicana, Madonna ist voll auf Holiday, und ich warte auf Abkühlung und das neue Les-Rita-Mitsouko-Video. Das spielen sie nur nachts.

Die hölzernen Fensterläden zur kleinen Straße hin sind geschlossen, die Fenster selbst weit geöffnet, nur wenig Luft dringt in den schmalen Schlauch, ein lang gezogenes, winziges Zimmer, mit einer kleinen Küche, einem Fernseher und einem Bett. Ganz hinten schließt sich ein Badezimmer an, es ist so klein, ich sitze immer schräg auf der Toilette, die Knie haben keinen Platz, es gibt nämlich auch ein Waschbecken. Egal, meine erste eigene Wohnung, schön ist das, und wenn ich nicht vergesse, die Läden zu schließen, kann ich tun und lassen, was ich will. Die Wohnung liegt im Erdgeschoss, ganz bequem können vorbeigehende Passanten hineinsehen. Die Läden sind eigentlich immer geschlossen, tagsüber und nachts sowieso. Die Fenster stehen jetzt im Sommer immer offen, wenn ich zu Hause bin, irgendwie muss ich doch atmen, auch wenn es ständig nach Pisse stinkt.

Die unscheinbare kleine Straße vor den geschlossenen Fensterläden ist in Wirklichkeit eine Hauptverkehrsader der kleinen Stadt. Jeder, der aus dem Biergarten kommt und den Marktplatz erreichen will, muss bei mir vorbei. Der Weg ist lang, die Blasen der Heimwärtstorkelnden voll, und ich weiß nicht, warum, das kleine Fachwerkhaus zieht sie alle magisch an. Schniedel raus und immer schön hoch und runter am Holzanteil der Mauer.
Hubert Kah sieht den Sternenhimmel, ich nicht, Bier ist alle. Morgen um sechs muss ich Behinderte auf den Dörfern einsammeln

und zum Spielsteine-Eintüten ins Körperbehindertenzentrum Oberschwaben fahren, ein paar Stunden schlafen ist da Trumpf.

Ich lösche Licht und Fernseher, liege mit offenen Augen im Bett und schnüffel an meinem Kopfkissen, das ich mit Fahrenheit-Parfum besprüht habe, jetzt rieche ich den Uringestank nicht mehr, lausche der Nacht vor den Fensterläden und denke noch mal, Schlaf ist Trumpf.

Wenn es nachts ganz still ist, werden die wenigen Geräusche zur Hauptattraktion. Ich höre ihn kommen, er stoppt vor dem Fenster, der Reißverschluss hakt, jetzt, ja, doch, offen, Stoff reibt, nur kurz, leises Stöhnen. Aaaahhhhh! Es ist viel drin in einem schwäbischen Maßkrug, es will nicht enden, Fahrenheit verabschiedet sich, und ich sehe klar: ein gelbweißlicher verknitterter Porno-Schwanz mit Pickeln, er zielt genau auf meinen Hinterkopf, und es will nicht aufhören.

Ich schlucke, Zorn wischt die Bilder weg, ich greife nach meiner Hose, der Typ pisst immer noch, öffne die Wohnungstür, die Haustür, da steht er und ich brülle los.
Interessiert ihn nicht, dass er gerade an meine Wohnung gepinkelt hat, dass er das verflucht Letzte ist, es interessiert diesen schweigsamen schwäbischen Riesen nicht, er packt seinen Pimmel ein, seelenruhig schließt er den Reißverschluss, mit der freien Hand greift er den gläsernen Maßkrug, den er im Bordstein geparkt hatte. Ungefüllt wiegen die Dinger alleine zwei Kilo, und ich bin nicht mehr wütend. Schweigend stehen wir uns gegenüber. Der Riese kommt, den Maßkrug in der Linken, auf mich zu, seine Bierfahne knattert im Nachtwind.

Langsam bewege ich mich rückwärts auf die offen stehende Haustüre zu. Der Riese spricht noch immer nichts, greift mit der Rechten in die Innentasche seiner Jacke und hält die Pistole genau auf meine Stirn. Die stählerne Mündung ist kalt, auch in einer

Sommernacht bestätigen sich manchmal Klischees aus billigen Kiosk-Krimis. Der Riese drückt mich mit der Mündung der Waffe weiter nach hinten, die Haustüre ist nur noch wenige Zentimeter entfernt, und eine rosarote Knallbonbon-TV-Serie rettet mir, fürs Erste, das Leben.

Wie in Miami Vice gesehen und belacht, lasse ich mich nach hinten fallen, mache eine Rolle rückwärts, liege rücklings im Hausflur und trete mit den Füßen die Tür zu. Ich bin drin.

Auf allen vieren krieche ich durch den Flur, ziehe die Klinke der Wohnzimmertür nach unten, robbe in meine erste Wohnung und bleibe auf dem Boden liegen. Ich bleibe lange liegen, nach einer Viertelstunde ziehe ich mich am Bett empor und schaue schräg durch die Holzlamellen der Lade.
Ich habe ihn nicht weggehen hören.

Er steht auf der Straße, er kennt auch Miami Vice, breitbeinig, die Waffe mit beiden Händen umklammert, die Arme ausgestreckt, er zielt genau auf die Fensterlade.
Nichts rührt sich, er ist ganz ruhig, die Straße schläft. Er und ich, wir sind wach. Ich robbe über den Teppich zum Telefon und wähle die Nummer der Polizei: »Rosenstraße 8, vor meiner Wohnung steht ein Mann und zielt mit einer Pistole auf meine Wohnung.«
»Und wo sind Sie?«
»Ich liege auf dem Boden.«
Jetzt muss ich sehr lachen, gleichzeitig fällt mir ein, lachen ist jetzt eher doof, ich sage: »Tschuldigung«, der Beamte sagt: »Wollen Sie uns verarschen?« Ich sage: »Nein« und »bitte« und »ich hab echt Schiss!«.

Sie werden kommen.
Ich klebe an der Wand und blinzle durch die Holzstreben. Riese steht, wie ein Berg, völlig ruhig, die Waffe auf mich gerichtet. Von links rollt der dunkle Polizeiwagen mit ausgeschaltetem

Motor lautlos in die Straße, Riese konzentriert sich auf die Stelle genau über seiner Pisslache und merkt es nicht. Der Polizeiwagen rollt noch, die Türen öffnen sich, zwei Beamte werfen sich auf Riese, er wehrt sich nicht. Es geht alles ganz schnell, still, ein stummes Ballett, alle könnten weiterschlafen, doch die Straße will jetzt sehen, überall öffnen sich Fenster, öffnen sich hölzerne Fensterläden, Licht fällt auf die Tanzenden, wache Gesichter beobachten den letzten Akt, die Arena applaudiert, als der Polizist die Trommelkammer aufklappt und sechs Patronen auf das Dach des Polizeiautos kullern.
Der Polizist ruft in die erleuchtete Arena:
»Wer von Ihnen hat bitte angerufen?«
Der Riese kann sprechen:
»Ist doch immer das Gleiche mit euch Scheißbullen.«
Ich sage nichts, presse mir mein Fahrenheit-Kopfkissen ins Gesicht und muss ein wenig weinen, hinter den geschlossenen Holzläden meiner ersten Wohnung.

Xóchil Schütz
Rot, rot, rot

»Um Gottes willen!« sagt Herr Schneider. »Um Gottes willen!« Dabei ist Herr Schneider sicher nicht religiös, er war in der Partei, früher.
»Das bringen Sie in Ordnung«, sagt Herr Schneider. »Das kann nicht wahr sein.« Und: »Das ist mehr als die Kaution! Das werden Sie bezahlen!«

Du versuchst, Herrn Schneider anzuschauen, aber er verschwimmt, und du bist müde, du willst schlafen, jetzt, sofort.
»Ich ...«, sagst du. »Ich ...«, setzt du noch mal an. »Ich ...«, aber du kannst nicht sprechen, weil du noch gar nicht sprechen kannst, eigentlich, und stehen kannst du auch nicht, du kannst nämlich

noch nicht stehen, und du machst einen Schritt zurück, an die Wand, und du läßt los, alle Muskeln, und rutschst auf den Boden, blitzschnell.

»Um Gottes willen!« sagt Herr Schneider. »Um Gottes willen!« Dabei ist Herr Schneider bestimmt nicht religiös, er war bei der Stasi, früher, das weiß jeder, jetzt.

Und du riechst Herrn Schneider. Du riechst seine Füße. Die stehen direkt neben deinem Gesicht, in roten Kunstledersandalen, die passen gut hier rein, denkst du, die roten Schuhe; aber nicht Herr Schneider, du magst nicht, wie seine Füße riechen, und daß er nicht religiös ist.

»Frau Deutsch!« sagt Herr Schneider. »Um Gottes willen. Sagen Sie was, dazu«, und du sagst: »Ich«, aber Herr Schneider hört es nicht. Und du, du bist so müde, und Herr Schneider spricht so viel: »Um Gottes Kaution. Das kann doch nicht deutsch sein, Frau Wahr, sagen Sie das.« Aber du bist so müde, und Herr Schneiders Tochter war Freundschaftsratsvorsitzende, früher, und hat dich gemobbt, an der Schule, weil du nicht bei den Pionieren warst, damals, nein, und Herr Schneider ist nicht religiös, aber die roten Sandalen, die sind schön, die schon.

Und Herr Schneider sagt: »Rot. Alles rot. Das hätte es nicht gegeben, früher, da hätten Sie den Lack gar nicht gekriegt.«
»Rot, rot, rot«, sagt Herr Schneider, »Wände, Boden, Fensterscheiben. Rausreißen muß man die Fenster, das kriegt kein Schwein ab, Lack!, das wird teuer!«

Und du weißt, daß du eben noch standest, und du hast wohl auch etwas gesagt, das ist seltsam, du kannst noch nicht sprechen. Das ist dein Bauch. Das ist dein Bauch. Den hast du dir selber gemacht, der gehört nicht Herrn Schneider, und Herr Schneider gehört hier nicht rein. Und du bist müde, und Herr Schneider sagt »Gott«, und du schläfst einfach ein. Und du träumst von roten Sandalen und weißt irgendwie: Die gehörn hier nicht rein. Und du weißt, du mußt etwas verschlafen, und als du aufwachst, bist du wieder allein. Und noch alles ist rot, und rot soll es bleiben, zum Teufel der Schneider, der Schneider im Bauch, du ißt Kuchen, vom Mutterkuchen, den hast du dir selber gebacken. Und daß du eigentlich nicht essen kannst, so, das ist egal ohne den Schneider, aber die roten Sandalen, die haben dir gefallen, rote Schuhe, das wär vielleicht was.

Nico Spindler
Ein Mann, für den eine Welt da draußen existiert

Ein Gedanke, der weit oben in mir entlang meiner himmelhohen Hirnschale sich bewegt wie eine kleine Propellermaschine, minutenlang brummend im dunkelgrauen Himmel zwischen Erde und All – eigentlich vielviel zu langsam, um sich dort oben halten zu können und nicht runterzustürzen: »Substrahiert man von einer Schraube einen Nagel, so erhält man reines Gewinde!«

Vielleicht: fing es damit an, dass er, als sein Kumpel sagte, er habe Schimmel in der Wohnung, ihm antwortete: »Schwamm drüber!« Das war am Tag, nachdem ihn seine Freundin verließ und er den erbärmlichen Zustand seiner Blumen in der Wohnung registrierte, wobei ihm merkwürdigerweise die Notiz in seinem Hausaufgabenbuch der zweiten Grundschulklasse eingefallen war. Nachdem seine Freundin also damals Schluss gemacht hatte und schon aufgestanden war, fragte sie ihn: »Sag mal, gießt du deine Pflanzen regelmäßig und redest mit ihnen?« Und er antwortete: »Ja«, und sie sagte »Du solltest das Thema wechseln!« Und ging. Da dachtest du als Erstes an die Notiz in deinem Hausaufgabenbuch der zweiten Grundschulklasse: »Mrgen Ka. G. Al. K. F. R.«, die deine

Mutter merkwürdigerweise nicht entziffern konnte als: »Morgen Kartoffellesen. Gummistiefel, alte Klamotten. Vielleicht Regenjacke«. Für dich war damals alles klar.

Wohin mit Gedachtem? Merkwürdig: Einmal schwebt der Zigarrenrauch aus dem Fenster über die Dächer der Stadt. Ein anderes Mal weht er in die Küche und zerfliegt dort zwischen dem Abwasch: ? Weiterrauchen …: – Es bleibt merkwürdig. Und weiter. Je mehr er aber testete, wurde ihm Folgendes klar: Ich habe es lieber, wenn er aus dem Fenster schwebt, in Richtung der weiten Welt und den anderen, anstatt zurück zu mir und in meine Küche zu wehen. Viel zu oft nimmt man hin, dass Beiträge, die man eigentlich zu unserer Zeit zu geben hat, in den eigenen Kopf zurückgeweht werden – und dort zerfliegen! Flucht als einmaligen Erfolg per se gibt es nicht mehr.

Über dir streiten sich die Götter um dich und deine Seele. Dabei wäre für dich der eine so gut wie der andere. Aber sie sind dazu verdammt, mitten in Götter-Herde sich mit dem Anspruch durchsetzen zu wollen, der Einzige zu sein. Und ständig stehen einem dabei die anderen auf den Füßen rum! Das Ganze dann bis in alle Ewigkeit, denn sie sind ja unsterblich – können sich demnach auch nicht gegenseitig einfach killen, höchstens irgendwo anbinden.

Ein kleiner Schweißausbruch …

Nina Ender
Die haben wieder gegraben

Die sollen mich endlich in Ruhe lassen.

Der kleine Hump klettert an meinem Ohr rum und flüstert mir rein in die Muschel, scheiß drauf. Scheiß doch drauf. Scheiß. Doch drauf.

Wenig Atem, weil zu viel geraucht. Und schlechter Geschmack. Verquollen vom Alkohol. Unklare Sicht. Kein Blick in den Tag frei.

Könnte ich mich einasseln oder wäre sonst biegsam wie eine Nacktschnecke. Eintretbar zu Brei. Da ist gar kein Genick mehr.

Die haben wieder gegraben gestern Nacht.

Der kleine Hump versucht mich zu kitzeln unterhalb des linken Backenknochens.

Aus gelacht.

Welko We hat wieder schlechte Tage. Das dauert an. Andauernd verkriecht er sich in meiner Falte dort unterm Fortsatz und ich darf ihn dann aus dem Klo retten.

Es ändert sich nicht. Das ändert sich nie.

Du trägst Glaskugeln in deinem Gesicht. Kind, weine nicht.

Ich sehe eine Wiese und versuche zu lügen.

Nackte Oberkörper laufen über meine Augenwand und kommen nirgendwo an. Dazwischen Speichelfäden über nahrlos wortkauende Münder gespannt.

Ich komme an.

Die haben meinen Tränenkanal jetzt entlang der Nase direkt in meinen Mund umgeleitet. Der Komplettumbau meiner unteren Gesichtshälfte hat begonnen. Auch die Speichelflüssigkeit wird ab sofort gestaut.

Unter meiner Zunge beginnt die Tiefsee. Es siedeln sich Sachen mit Kugelaugen da an. Bunte Punkte hausen in meinem Kopf und bekommen überall Auswüchse mit lackierten Nägeln dran. Die Herzwächter schieben unendlich Schicht.

Eine leere Sekunde.

Dann kommen die aufladbaren Schlangen. Ein goldener Hauch um meinen Traum.

Ich spucke Staub und trinke einen Schluck Wasser.

Der kleine Hump lacht und feiert Geburtstag, zieht blutigen Schleim aus meinem Nasenloch. Ich liege wieder auf einer Wiese und lege mein Geständnis ab. Danke, danke, fürs Leben. Regenbogenfarbene Würmer um meine Fingerkuppen.

Ich stech mit der Nadel ein Loch in mein Gehirn. Die Gedanken fallen durch und von mir ab. Letzter Schnee in diesem Jahr.

Pilzbefall meiner Kniekehlen.

Die haben wieder gegraben gestern Nacht.

Was und das liegt mir wie ein Gestein im Bauch unten drin. Fühlt sich ölig an und zieht Fäden.

Ich bitte Welko We um eine Entfernung. Der kleine Hump sagt, alles inbegriffen.

Sorgenfrei in ein Morgen.

Welko We und der kleine Hump graben die alte Feindschaft neu aus. Meine Zehen werden zu den Zinnen verfeindeter Burgen.

Letzte Woche wurde die Wiese gemäht. Löwenzahnsamen sind einmal um die Welt geweht.

Der kleine Hump beginnt die Geschichte. Er trägt eine Krone und ist silbern bestrichen. Ich muss würgen. Welko We besteht aus lauter Extremitäten und aus sonst nichts.

Ich mache einen Einkauf. Er ist groß und wird größer und wächst immer weiter.

Ich trage Sorge, dass ein Stück Luft in den Raum reinkommt. Ich mach mich krumm.

Gedanken rasseln runter wie nichts.

Ein Regengeräusch schreit und will wo daheim sein. Ich bau überall Dächer an und baue alles dicht. Es regnet ungeschlüpfte Vogeleier auf mich nieder. Die Fruchtbarkeit fordert Vergeltung.

Kein Auge zugemacht und eine Augenentzündung. Meine Augen lernen kotzen.

Welko We leitet Veränderung ein.

Der Müll hängt rum.

Mir werden die Ohren auf den Rücken gebunden.

Eine Taube auf Asphalt mit vielen.

Der kleine Hump erzählt von der Kindheit. Es war Sommer und Sonnenmilchgeschmack hängt in den Lippen. Handtücher riechen nach Seeresten und wieder schält sich die Haut. Wettkichern am Gartentischrund. Getränkverteidigung vor Stechgetier. Ein Spielball teilt alle Lüfte. Marienkäfersuche mit Sternenschau. Aufbleiben bis zum Umfalln. Und wieder einen Tag angeleint haben, Dackel auslachen. Freihand voraus. Aufgeschlagenes Knie brennt erdig und aufpassen, dass es jetzt nicht überläuft vor Kitsch.

Mein Leben unter einem Plastikvorhang. Bedeckt zum Gutenachtgebet.

Welko We drückt mir die Augen zu und drückt fester. Drückt sie rein in meinen Kopf.

Ich lauf mit Löchern durch die Gegend. Jeder kann kommen und mich zuschütten.

Ich spüre das Meer ganz nah.

Wenn einer daherkäme.

Ich möchte es riechen. Straßenlampen. Straßenlampen. Straßenlampen.

Später kommt der kleine Hump unter meinen Achseln hervorgekrochen und beginnt sich zu entschuldigen.

Ich möchte es riechen.

Er reißt feine Härchen aus meiner Nase raus und pustet feste. Lässt sie fliegen in eine Welt, die viel noch nicht weiß.

Morgen werden meine Nasenhaare auf deinem Knie landen.

Morgen werden wir Kaffee kochen und Koffein wird durch unsere Körper fließen. Wir planen einen Ausflug über Land und legen unser Leben groß an.

Ich zahle Zinsen.

Die alte Geschichte von einem Zwerg mit schiefem Fuß.

Es stinkt zum Himmel. Der ganze Gestank gen Himmel.

Morgen landet ein Nasenhaar in Amerika.

Batterien im Ladegerät seit zwei Wochen nicht rausgenommen.

Das Leuchtchen hellgrün.

Und heiß neben meinem Kopf. Ich schreck hoch. Die haben eben wieder gegraben.

Ich beginne mit Wasserentzug und hoffe, das zehrt auch an meinen Gedanken.

Seit neulich steht mein einer Fuß schief.

Die Kehle brennt und überall wuchern Quaddeln.

Erneuerung der Tiefsee. Mein Mund läuft über und weiter aus.

Fortsetzung des Wasserentzugs.

Der kleine Hump kommt heraus und sagt, ich verabschied mich hiermit. Er spaziert einen Baum rauf und spaziert einfach weiter gradaus.

Da plötzlich weinen.

Ich koche zehn Liter Gemüsebrühe und schütte sie in die Kloschüssel rein. Ich befehle dem Klo, erwach sofort zu Leben und erhebe dich über die Menschheit.

Sei das moralische Gewissen.

Welko We gibt den wehklagenden Chor.

Das Klo widersetzt sich jeglicher Anweisung und wird bestraft mit Stoffwechselentzug meinerseits.

Meine beiden Daumen sind auf einmal außen.

Welko We macht sich aus dem Staub.

Eine Staubwolke hinter meiner Heizung wächst rasend heran und bäumt sich.

Verstummt und taucht nicht wieder auf.

Die haben wieder gegraben.

Ich lege mich auf der Wiese und falte mich ganz und gar zusammen.

Gestern Nacht.

Dalibor

**[Holzstuhl, am großen runden Tisch,
vor Tagesanbruch]**

»An das alles was sich draußen bewegt.
Ich bin innen   und zwar immer.
Will nach außen   muß mich äußern   darüber.
Doch Schrott labern mach ich schon im Leben
           also nicht in Texten.
Dort bleibt mir bloß die werte Wahl der Wörter
  wie es steht um einen Staat verraten Dörfer.
Wie es ist in einem selbst:
verständlich schwer zu fassen.
Was es macht mit einem Mensch
wenn Scheiße ständig sein Schicksal
weilt innen   meistens hinten tief
will raus   doch bleibt im Zimmer
schielt nach draußen   durch ein kleines Fenster
sprich: ein Auge
kennt die Sprachen welche Rachen nie beherrschen werden.
Wer mich hört – bitte mitschneiden!
Dies ist meine Flaschenpost per Funkgerät
Ich wechsle Frequenz
Verbindung wird schlechter
Ich wechsle Frequenz
Verbindung wird schwäch…«

Ursula Schötzig

Zimmergespräch

Der Zeiger schluckt
ununterbrochen Stunden
die Sekunden sagen

sie hätte nichts bemerkt
vom Wegschauen der Zeit.
das Sofa starrt
schonungslos ins Leere
bietet Raum
für Bettgetümmel und Nervenkriege,
zeigt sich erst rund
bei Anwärmung
durch Menschenfleisch.
Zeit kommt manchmal
lehnt sich an,
um zu vergessen.
Ein Schaukelstuhl
nur angetippt
fängt an zu laufen
auf Befehl
grübelt viel
und wartet auf das Kind.
Tisch grinst schmerzvoll
in die Runde
die Haut
gerade abgezogen.
Holz schluckt
Buntlast literweise
während müde in der Ecke
Wolldecke
sich aufbäumt
gegen Leere
und wäre
doch besser Bär geworden.

Ivo Engeler
Elektriker

Bei der Familie von Gerbarderbarbara war der Kronleuchter im Esssaal kaputt. Er war von der Decke auf den Boden gefallen und jetzt funktionierte er nicht mehr. Sie riefen den Elektriker. Der kam, nachdem sie ihn gerufen hatten. Die Familie begrüßte den Elektriker: »Hallo, Elektriker!« Der Elektriker arbeitsfähig: »Wo liegt das Problem?« Die Familie besorgt: »Im Esssaal!« Der Elektriker bestimmt: »Aha, im Esssaal!« Die Familie erwartungsvoll: »?« Der Elektriker nochmals bestimmt: »Führet mich hin – hinein in den Saal!« Die Familie führend: »Hier hindurch hinter den hellen Ständerlampen hinein in den dunklen Esssaal!« Der Elektriker erleuchtet triumphierend: »Aha, die Beleuchtung ist kaputt!« Die Familie dankbar: »Jawohl, die Beleuchtung!« Der Elektriker siegesgewiss: »Ich werde nachsehen!« Der Elektriker trat in den dunklen Esssaal und sah nach und stolperte, ohne etwas zu sehen. Die Familie besorgt: »Elektriker! Elektriker! Elektriker! ... Elektriker!« Der Elektriker reaktionslos.

Bei der Familie von Gerbarderbarbara war der Elektriker im Esssaal kaputt. Er war vom Boden auf den Kronleuchter gefallen und funktionierte jetzt nicht mehr. Sie riefen den Arzt. Der kam, nachdem sie ihn gerufen hatten. Die Familie begrüßte den Arzt: »Hallo, Arzt!« Der Arzt im Arbeitsstress: »Wo liegt das Problem?« Die Familie besorgt: »Im Esssaal!« Der Arzt keine Zeit verlierend: »Soso, im Esssaal!« Die Familie erwartungsvoll: »?« Der Arzt nochmals keine Zeit verlierend: »Geleitet mich sofort nach dort!« Die Familie geleitend: »Dort vorn vor dem Standporträt von Viktor Vogel!« Der Arzt interessiert: »Viktor Vogel?« Die Familie: »Nebenan im Esssaal!« Der Arzt nachfragend: »Wo?« Die Familie sofort reagierend: »Im Esssaal!« Der Arzt bemerkend: »Es ist dunkel!« Die Familie bestätigend: »Ja, der Kronleuchter ist kaputt.« Der Arzt ernüchtert: »Dann sollten Sie besser einen Elektriker rufen!«

Lino Ziegel
Kafka

Kafka auf dem Kanapee
trinkt ne Kanne Kafkaffee
erst ruft er: »Das ist's!«
doch dann: »Ach nee,
ich steig wieder um auf Tee.«

Robert Cohn
Wieder mal gibt es mich noch

Vorhin. Es ist ungefähr drei Uhr. Nachts. Ich hocke auf meinem grünen Klappstuhl und stopfe Strümpfe. Muss auch mal gemacht werden. Andere Leute kaufen sich stattdessen neue. Aber ich hasse Kaufhäuser. Irgendein Geruch sticht mir in die Nase. Den bilde ich mir ein, weil ich gerade an Kaufhäuser denke, da stinkt es nach dieser Mischung aus ungelüfteten Kellern und Meister Propper. Aber hier stinkt es anders. Schnüffelnd stopfe ich weiter. Bis ich einen dünnen Faden Rauch durchs Zimmer schleichen sehe. Ich lasse Strumpf und Stopfei fallen, denn das hier habe ich schon mal erlebt. Ein zweites Mal lohnt nicht.

In der Diele liegt der Rauch in Schichten in der Luft. Unter der Wohnungstür lappt ein kleiner fieser Wirbel hoch. Es stinkt erbärmlich nach verkohlten Strümpfen und schlimmer. Ich reiße die Wohnungstür auf, patsche nach dem Licht, Gott, alles voller Rauch, Pompeji. Ich stürze die Treppe nach oben, denn woandershin geht es hier nicht, und da, die Tür des Typen mit dem Machobart, Rauch quillt unten durch. Ich huste, reiße das Treppenhausfenster auf, beuge mich raus, nebenan sickert Licht aus dem Fenster. Ich haue wild gegen die Tür des Typen, lehne mich auf den Klingelknopf, eine Schelle jammert. Ein Höllenlärm.

Drinnen geht ein Licht an, ein Schrei, die Tür wird aufgerissen, der Typ steht da in Unterhosen, vor Rauch seh ich ihn kaum. Atmen kann man hier nicht. Der Typ dreht sich um und stürzt irgendwohin, ich hinterher, denn obwohl er einen Machobart hat und in Unterhosen rumläuft, was ich eklig finde, draufgehen soll der nicht, der soll raus hier.

Da ist die Küche des Typen. Der Herd brennt, und wie, fiese Flammen laufen drüber, der Rauch hier ist eine feiste Masse, den Typen seh ich nicht und plötzlich fällt mir ein, Mensch, was mach ich hier, immer bin ich plötzlich irgendwo, wo ich nicht sein will, die Schlägerei Samstagnacht in der Davidstraße und ich natürlich wieder mittendrin, das Konzert von Felix Kubin neulich, frühe Achtziger hautnah, oh Gott, und ich da drin, und jetzt ist da die brennende Küche dieses Typen und ich kurz vorm Ersticken. Da, Wirbel im Rauch und ein Schwall kalter Luft. Der Typ hat das Fenster aufgerissen, jetzt seh ich ihn, da ist er ja in seinen Unterhosen, klammert sich an den Fenstergriff. Ich schnappe mir den Wasserhahn, es ist einer zum Rausziehen, dreh ihn auf und halte voll auf das Feuer drauf. Sofort ist alles wieder voller Qualm, aber ein anderer, der ist nicht schlimm. Es zischt widerlich. Es wird dunkel. Das ist gut.

Der Typ dreht das Wasser aus. Will mir um den Hals fallen. Ich gehe einen Schritt zurück, ich mag es nicht, wenn mir einer in Unterhosen um den Hals fallen will. Da besinnt er sich, macht das Licht an, was für ein hässlicher Anblick, oh Mann, die Küche und der Typ, der springt zum Herd und dreht dran rum. Gasherd. Der Teufel soll dieses Haus holen. Aber er hat nicht. Noch nicht. »Der Gashahn!«, rufe ich. Der Typ rennt an mir vorbei, irgendwas klappert und klötert, im Korridor steht er auf einem schwankenden Regal und fuhrwerkt an einem Hebel am Kasten unter der Decke rum, dreht den Hebel um neunzig Grad. Ich glaube, so muss man das machen. »Alles Gute noch«, sage ich und verschwinde. Drinnen bei mir reiße ich alle Fenster auf, stopfe dann weiter am Strumpf und überlege, wie viele Häuser ich noch überleben werde, oder wie viele Häuser mich, und ob das alles wirklich eine gute Idee war. Dann schreibe ich diesen Bericht, denn bei dem Gestank, trotz der frischen Luft von draußen, ist an Schlafen nicht zu denken.

Stan Lafleur
winter

vom kahlen himmel kullern kolorierte graupen
ins fernsehbild, das winterfenster blaeut
goettliche megaperls, die alles saeubern
damit sich auch bei fiesen minusgraden
die balance in deutschland nicht verstellt

oma krueger schaut wie immer auf die strasze
die geranien auf dem bord sind lang verblueht
ein mauer strausz steckt in der ikea-vase
oma krueger glotzt & grueszt & ueberlegt
ob sie den naechsten winter wohl noch sieht

am kahlen himmel ziehen boeingsche kreuze
segnend, kerosinverstaeubend ueber land
ein supermarktverkaeufer, ein gewiefter
erregt sich uebers eingefuehrte dosenpfand
& denkt fuer ein sekuendchen echt an meutern

silbrige klumpen stehen an der ausfallstrasze
es sind die kreislaufpusher, blutverduenner
frostschutzmittel fuer den handel jeder stadt
& darum gehts & um nichts andres:
weh dem, der keinen zweitwagen mehr hat!

der kahle himmel schaelt sich wien leproeser
in duenne schichten deckweisz & son grau
talgige voegel stuerzen sich in boese nebel
verschwinden drin & tauchen wieder auf
alles wird gut, denn schroeder sitzt am hebel

3. Unterwegs

Tobi Kirsch
wechsel das hemd

fahr den fahrstuhl
noch einmal nach unten:
nimm den kellerausgang
einmal um die ecke
und dann ab in den bus
fahr hier raus
an die ränder deiner ort-nung

komm nach draußen
aus der ecke
in die lüftung
sieh das gras | wachs in den ohren
zuviel staub
dort in den gängen
leg dein kabel tot
und den schalter um

schneid dir das haar
scher dir den bart
und vor allem:
wechsel das hemd

zieh alle schrauben lose
vergiß den quatsch
guck nicht zu den andern.

schau nicht über los
fang mal an,
mit dem bauch zu wandern.

wirf die brille weg
und renn ohne zweck
vergiß die hürden
und fall richtig hin
schrei ordentlich auf

wechsel das hemd
schnür die schuh eng
und vor allem:

leck das blut weg

ich schenk dir ein flugzeug
noch ist es aus papier
doch wenn du wolltest
flöge es mit dir.

Hartmut Pospiech
                        masken wie diese
für laurie anderson

ALLE	**guten tag**
HARTMUT	wir begrüßen sie
ROBERT	wir begrüßen sie
ALLE	**wir begrüßen sie**
SVEN	an bord unseres fluges nach
HARTMUT / ROBERT	*(störungsgeräusche)*

SVEN	mit zwischenlandung in
HARTMUT / ROBERT	*(störungsgeräusche)*
HARTMUT	die türen sind verschlossen
SVEN	fest verschlossen
HARTMUT	wir sind sicher, daß die türen fest verschlossen sind
ROBERT	die luft in der kabine ist gut
SVEN	wir bitten
ROBERT	wir bitten kurz
HARTMUT	wir bitten kurz um
ALLE	**ihre aufmerksamkeit**
HARTMUT	nur ein klein wenig
SVEN	aufmerksamkeit
ROBERT	für die sicherheitsvorkehrungen
HARTMUT	sicherheitsvorkehrungen
SVEN *(normal, leise)*	unser flugzeug ist sicher
HARTMUT	sehr sicher
ROBERT	lesen sie ruhig in der zeitung
	massieren sie sich die füße
	küssen sie ihren liebsten
SVEN	genießen sie die gute luft
	in der kabine
ROBERT	begeben sie sich nicht zu ihrem sitz
SVEN	begeben sie sich nicht direkt dorthin
ROBERT	sie brauchen sich nicht anzuschnallen
HARTMUT	mmmmmhhhh *(wohliger seufzer)*
	sicherheitsvorkehrungen
ROBERT	das flugzeug hat vier notausgänge
SVEN *(normal)*	unser flugzeug ist sicher
HARTMUT	so sicher
ROBERT	das flugzeug hat vier notausgänge
HARTMUT	die notausgänge befinden sich
SVEN	in der mitte *(zeigt vor sich)*
ROBERT	am heck *(zeigt nach hinten)*
HARTMUT	in der mitte *(zeigt noch mal vor sich)*

ALLE	**sie erkennen sie an der aufschrift**
HARTMUT	obst und gemüse
ALLE	**obst und gemüse**
HARTMUT	sollte es einmal zu rauchentwicklung in der kabine kommen
SVEN	was natürlich absolut unwahrscheinlich ist
HARTMUT	absolut unwahrscheinlich
ROBERT	erkennen sie die wege zu den notausgängen
SVEN	an den pfeilen auf dem boden
ALLE	**an den pfeilen auf dem boden**
	(alle zeigen synchron auf den Boden)
ROBERT	die sogar im dunkeln leuchten
ALLE	**die pfeile zeigen in diese richtung**
	(alle zeigen synchron nach hinten)
	die notausgänge befinden sich in dieser richtung
	(alle zeigen synchron nach vorn)
ROBERT	der mann
	der die pfeile malte
SVEN *(schnippisch)*	hat sich wohl geirrt
ALLE	**die pfeile zeigen in diese richtung**
	(alle zeigen synchron nach hinten)
	die notausgänge befinden sich in dieser richtung
	(alle zeigen synchron nach vorn)
HARTMUT	sie erkennen sie an der aufschrift
ALLE	**obst und gemüse**
HARTMUT	der mann der die aufschriften malte
SVEN *(schnippisch)*	hat sich wohl geirrt
ROBERT	wir fanden das komisch
HARTMUT	wir haben gelacht
SVEN	für den unwahrscheinlichen fall
	daß wir einmal auf dem wasser notlanden
ROBERT	für den äußerst unwahrscheinlichen fall
	daß wir einmal auf dem wasser notlanden

Hartmut	finden sie keine schwimmweste
	unter dem sitz
Alle *(Geste)*	**keine schwimmweste**
	unter dem sitz
	(alle zeigen synchron bedauern)
Hartmut	der mann der die pfeile malte
Robert	der mann der die aufschriften malte
Sven	hat sich geärgert
Hartmut	weil wir gelacht haben
Sven	wir haben nicht über ihn gelacht
Robert	nur über die aufschrift
Alle	**obst und gemüse**
Hartmut	der mann der die pfeile malte
Robert	der die aufschriften malte
Sven	hatte ein messer dabei
Alle	**keine schwimmweste unter dem sitz**
	(alle zeigen synchron bedauern)
Sven	finden sie nicht
	daß die luft in der kabine
	schon mal besser war?
Robert	unser flugzeug ist sicher
Hartmut	sehr sicher
Sven	für den unwahrscheinlichen fall
	daß einmal der druck in der kabine abfällt
Robert	fallen masken von der decke herab
Alle	**masken wie diese**
	(alle zeigen synchron maskeaufsetzen)
Hartmut	nehmen sie die maske
	und setzen sie sie
Alle	**auf ihr gesicht**
	(alle zeigen synchron maskeaufsetzen)
Robert	setzen sie sich die maske auf ihr gesicht
	(zeigt maskeaufsetzen)
Sven	für den unwahrscheinlichen fall

ROBERT	für den äußerst unwahrscheinlichen fall
	daß einmal der druck in der kabine abfällt
SVEN	fallen masken von der decke herab
ALLE	**masken wie diese**
	(alle zeigen synchron maskeaufsetzen)
HARTMUT	es sind schöne masken
ROBERT	masken die unser leben retten
HARTMUT	wie schön ist es
	durch eine maske wie diese zu atmen
ROBERT	wenn keine luft mehr in der kabine ist
SVEN *(beunruhigter)*	unser flugzeug ist sicher
HARTMUT	sehr sicher
ROBERT	der mann der die pfeile malte
HARTMUT	der die aufschriften malte
SVEN	wir haben nicht über ihn gelacht
	nur ein bißchen
HARTMUT / ROBERT	**obst und gemüse**
	(kichern verschämt)
SVEN	die türen sind verschlossen
ALLE	**fest verschlossen**
	(zeigen synchron verschließen)
ROBERT	meistens fest verschlossen
SVEN	finden sie nicht auch
	daß sich die luft knapp anfühlt?
HARTMUT / ROBERT	**knapp**
ROBERT	so
(abgehackt,	als ob gleich
atemlos)	keine
	luft
	mehr da ist?
ALLE	**wir sollen sagen**
SVEN	für den unwahrscheinlichen fall
ROBERT	für den äußerst unwahrscheinlichen fall
	daß einmal der druck in der kabine abfällt

ALLE	**sollen wir sagen**
SVEN	für den unwahrscheinlichen fall
ROBERT	für den äußerst unwahrscheinlichen fall
	daß sich die luft knapp anfühlt
ALLE	**sollen wir sagen**
HARTMUT	sollen sie sich keine sorgen machen
ALLE *(Geste)*	**keine sorgen machen**
	(synchron erhobener mahnfinger)
SVEN	unser flugzeug ist sicher
HARTMUT	sehr sicher
ROBERT	es kann nichts passieren
SVEN	es wird nichts passieren
HARTMUT	die türen sind fest verschlossen
ROBERT	die reißen nicht einfach so raus.
SVEN	die techniker kontrollieren das
ALLE	**die techniker kontrollieren das**
HARTMUT	die triebwerke fangen nicht einfach so an zu brennen
SVEN	die techniker kontrollieren das
ALLE	**die techniker kontrollieren das**
HARTMUT	wenn sie zeit haben
ROBERT	die triebwerke werden nicht brennen
	triebwerke brennen nie
ALLE	**triebwerke brennen nie.**
SVEN	nie alle gleichzeitig
HARTMUT	das kabinendach wird nicht abreißen
	das kabinendach kann gar nicht abreißen
SVEN *(laut)*	wozu gibt es denn sicherheitsvorkehrungen?
HARTMUT	mmmmmhhhh *(wohliger seufzer)*
	sicherheitsvorkehrungen
SVEN	und für den unwahrscheinlichen fall
ROBERT	für den äußerst unwahrscheinlichen fall
	daß die türen nicht fest verschlossen sind
HARTMUT	daß die triebwerke brennen

SVEN	daß das kabinendach doch einmal abreißt
ROBERT	fallen bestimmt
HARTMUT	ganz sicher
ALLE	**ganz ganz sicher**
SVEN	von der decke *(zeigt nach oben)*
ROBERT	von oben *(zeigt nach oben)*
HARTMUT	von irgendwo *(zeigt in verschiedene richtungen)*
ALLE	**masken wie diese**
	(alle zeigen synchron maskeaufsetzen)
	masken wie diese
	(alle zeigen synchron maskeaufsetzen)
	masken wie
	(alle zeigen synchron maskeaufsetzen, einige sekunden halten)

Henning Chadde
Strandsplitter, Griechenland
Null Null drei

Momentaufnahmen.

[...]

Eine 16-köpfige holländische Großfamilie quittiert das Abtreiben
zweier ihrer Sprösslinge lapidar
mit der Feststellung:
»Tja, zwei weniger.«

Nebenan
schwäbelt man
über die Nach- und Vorteile gemischt-konfessioneller Teilnahme
am protestantischen Abendmahl. In eben dieser Reihenfolge.
Amen.

Derweil die Blagen klagen markzerfetzend
ohne Unterlass.

Unterarmgroße Eistüten stürzen
aus Kinderhänden und verpuffen
im glühend heißen Sand –
Das Geheul schwillt weiter an,
Eruptives Gebrüll stellt Haare zu Berge
und schlägt selbst dem Weißen Hai,
der in Strandnähe auf ein Schnäppchen wartet,
auf den Magen.

Glasklares, hohes C zerrt
Nerven zerspringen wie Trinkgefäße
in der Taverne weiter unten am Strand –
InnenDraußenDrinnenOhr blutet heiß.

Der Wind treibt herrenlose Luftmatratzen pfeilschnell
durch grillhähnchengebräunte Sonnenanbeterkolonien,
während ihre rasiermesserscharfen Schweißnähte im Steilflug
Gesichter, Körper, Glieder schlitzend ritzen dann weiter

Silbern blitzend hinaus
aufs Meer.

Sommerorkan
Stürme an der griechischen Ägäis
von der Intensität, die einem America-Cup-Segler
Freudentränen in die Augen jagen würde.

–

Faustgroße Kiesel bollern in Kauleisten am
Kieselstrand kaum Sand
der zwischen den Zähnen knirscht.

Überfallartig, aber dennoch Gezeitenquarz
stecknadelwirr aus dem Hinterhalt – hornissenstechend
irr auf Haut.
In Poren, Öffnungen, Ritzen, Windungen – beinah
fühlts als fräst' er sich durch
Knochen, Muskel, Fleisch, ins Innerste
fetzend bis ins Mark.

    Gedanke 1: An Mehmets Tattoostudio. Merke:
    An der türkischen Riviera gibt es Intimtattoos für Paare
    Für zum Preis von eins.

        Gedanke 2: Wiener Schnitzel. Paniert. Öltriefend
                                       goldbraun.

        Und drei: Aua. Einfach nur Schmerz.

Meer kühlt Deckung.
Salz, Schweiß, Sonnenblocker – Explosivgemisch ätzt
Auge und Sonne beißt Iris.
    Untertauchen.
    Five miles under,
    untertauchen.
Und Käptn Nemos Kristallpaläste besuchen,
zweitausend Meilen unter dem Meer,
und frei und
weg …

Traumgetanzt, fast fatamorganagleich.
Zeit rieselt wie Sand
durch Handzwischenweiten.

Wach auf!

–

Milliarden Zikaden zirpen
tinnitusgleich
Grundgeräuschkulisse das Meer,
der Himmel darüber, ist blau
im Hintergrund.

Ranzige Kokusnusssonnenölschwaden hängen
beißend in der Luft und erinnern an
Alis Dönerbutze in Castrop-Rauxel-Nord.
Lust auf Gegrilltes bei 50 Grad in der Sonne

kennt ihre Grenzen.

Lecke Salz
auf Deiner Haut – Erinnerungen
werden wach an Pistazienkrusten –
Unsere Schalen mitunter genauso hart
zu knacken.
Wir reden nicht.

Ohne Gummilatschen würde man sich
die Fußsohlen auf dem Kiesel verbrennen. Unsere Zungen aber
löschen wir
in Schweigen.

[–]

Plötzlich stehst Du auf
und dann treibst auch Du hinaus
aufs Meer und ich denke noch
wie stolz ich war, dass
Du Dich endlich ans Schwimmen trautest.

Paula Coulin
»Schlamm!« – ein Dreiteiler

I. Szene: am Strand

»Und wo willst du jetzt hin?«, fragte der dünne Mensch (in Klammern: fuckbuddy Bernd) mit ersten Anzeichen der Hysterie in der Stimme. »Weiß ich auch nicht. Zurück in den Schlamm.« Es war ihr tatsächlich egal. Sie hatte den teuren Urlaub gebucht, um endlich mal rundum erneuert und irgendwie frisch irgendwie von vorne anzufangen. Tatsächlich hielt sie sich schon den 4. Tag in einem Aussteigerferienort irgendwo in Portugal auf. Das Ganze gab nicht wirklich etwas her außer fettigen Fischgerichten und einem FKK-Freiluft-Thermalbad mit Schlammpackungsbecken, natürlich, im Stein eingelassen. Hätte lustig werden können, lauter Nackedeis in heißem, grünbraunem Matsch. War es aber nicht. Dort hingen Leute mit sanftem und gleichzeitig notgeilem Blick ihre mitteleuropäischen Speckquaddeln ab. Es war so eine Art Schweizer Fondue ohne Käse, aber viel Weißbrot. »Entdecken Sie mediterrane Sinnlichkeit« – o. k., so fiel man auch als Werbetexterin mal auf einen schlichten Anzeigentext rein. All die schlechten Angewohnheiten, die sie in diesem Urlaub hinter sich hatte lassen wollen, hielten sie jetzt gerade noch am Leben hier. Trinken, rauchen, baggern. Wobei Letzteres nicht wirklich Sinn machte. So viele dumme Leute hatte sie schon lange nicht mehr auf einem Haufen gesehen. Sie ließ sich wieder neben Bernd in den Sand fallen und vergrub das Gesicht im Badetuch. Der unheimlichste Gedanke war – sie gehörte dazu.

II. Szene: anner Uni

Annelie Steck sitzt im Seminar, 1b Literatur, und stellt sich was vor. Ist so langweilig, dass die Luft fault. Sie stellt sich was vor, und es soll was anderes sein als das Teiggesicht von Kommilitone da vorne, der sich sein Referat runterholt wie den 3. Orgasmus in Folge. Irgendwie abgenudelt. Außerdem zieht er ständig die Nase hoch. Das Seminar voller Frauen, die alle mal Journalistin werden wollen oder Oberstufenlehramt, romantische Liebeslyrik in Referatsform und das Referat in Form eines solchen Typen. Einer, der trotz drei Semestern Literaturwissenschaften noch keine abbekommen hat. Das ist vielleicht wahre Tragik. Das fällt der Annelie aber nicht mehr weiter auf, sie denkt jetzt an Schlamm. An warmen, blubbernden Schlamm, der fröhlich gasige Blasen wirft. Sie stellt sich vor, wie sie langsam da reinwatet, und dann fragt sie sich, ob das jetzt eine sexuelle Phantasie ist, die sie sich irgendwie merken sollte, und dann fällt ihr auf, dass es wohl eher eine Projektion ihrer angeborenen Ursprungssehnsucht sein muss. Der Schlamm ist wirklich lecker, er schmeckt ein bisschen nach Räuchertofuhack mit Tomatenkartoffelbrei. Ihr läuft das Wasser im Mund zusammen. Dann fällt ihr auf, dass die Lehramtsmadam mit dem hellblauen Nickipulli gegenüber eifrig damit beschäftigt ist, ihrem Blick auszuweichen, der etwas glasig und benommen die Seminarraumszimmermitte durchquert hat wie eine Elbufernebelwand. Die Madam guckt weg und dann immer zickiger wieder zurück. Die Annelie atmet was von der fauligen Luft ein und denkt, dass sie jetzt auch, von erst gleichgültigen und dann immer entsetzteren Blicken verfolgt, entspannt in die Mitte von der U-Tisch-Formation schlendern könnte, sich hinhocken und ein ganz dickes Ei legen. Das ist auf 'ne seltsame Weise so verlockend, dass die Annelie rot wird. Sie lächelt die Lehramtsmadam so-freundlich-wie-geht an. Und sieht sich dann noch, wie sie sie ganz langsam mit dem dunklen, warmen Schlamm überzieht. Und das ist beinahe zärtlich.

III. Szene: im Grünen

»Von mir aus«, dachte der alte Mann im Wald, »können wir alle wieder ab zurück in den Schlamm, und ich sage jetzt mal was, da gehören wir auch hin, zu den Einzellern und den Bakterien, die sich über Kuhmist und Sonne freuen und ansonsten nichts zu tun brauchen außer Verdauen. Das wäre mal wirklich die Rückkehr ins Paradies.« Der alte Mann war ein Miesepeter, aber das war o. k., er hatte schließlich 40 Jahre mit derselben Frau verbracht, und bei der Frau ... lässt man es lieber gleich sein. Außer der alte Mann halt, der hatte es nicht kapiert, er war sein Leben lang selbst ein treudoofes Pantoffeltierchen gewesen, das Tragische war nur, dass es ihm irgendwann doch aufgefallen war, aber da war er schon 71. Und in so 'nem Alter braucht man sich ja nun wirklich nicht noch mal umgewöhnen. Jetzt war es ihm auch egal. »Ach ja, bilden wir uns alle eh nur ein«, dachte er und meinte die Liebe und das alles, und dann beschloss er, für heute mit dem Denken aufzuhören. Was vielleicht eine gute Idee war. Weil er gerade an mehreren Sumpflöchern vorbeikam, die einem Freitod nicht undienlich gewesen wären.

Stefan Schrahe
Aldi-Süd

Ich gehöre nicht zu den Menschen, die sich ihre Tageszeitung in den Urlaub nachschicken lassen. Da beschleicht mich das Gefühl, gar nicht richtig weg von zu Hause zu sein. Weil ich aber über den Lauf der Dinge in der Welt einigermaßen informiert sein will, kaufe ich mir im Urlaub – und nur dann – regelmäßig die Bild-Zeitung.

So saß ich an einem Freitagmorgen an der kroatischen Adria lesend beim Frühstück, als mein Blick auf eine Anzeige in mir wohlbekanntem Stil fiel. Unter der Überschrift »Aldi informiert« war genau der Häcksler abgebildet, der ein Jahr zuvor schon einmal im Angebot gewesen war. 2200 Watt für Äste mit einem Durchmesser von bis zu sechs Zentimetern. Fünf Aldi-Filialen hatte ich damals abgeklappert – vergeblich. Der einzige Trost war, daß sich solche

Angebote bei Aldi wiederholen – man muß nur ein wenig abwarten. Und jetzt war genau dieser Häcksler wieder im Angebot – nur, daß ich jetzt auf dem Balkan saß und keine Chance hatte, da heranzukommen.

Wortlos reichte ich meiner Frau die Zeitung und deutete auf die Anzeige.

»Das gibt's doch nicht«, entfuhr es ihr, woraufhin ich nur zustimmend nicken konnte. Ungläubig schüttelte sie den Kopf, und wir schauten beide eine Weile stumm über unseren Frühstückstisch hinweg auf die Mobilhomes der Nachbarn.

»Und jetzt?« fragte meine Frau.

»Ja wie: und jetzt.«

»Wir könnten deine Schwester anrufen.« Wieder hatte meine Frau eine ihrer praktischen Ideen, die uns schon aus vielen Notlagen herausgerettet hatten. Nur hatte diese einen Haken.

»Meine Schwester ist Aldi-Nord«, sagte ich.

»Scheiße«, sagte meine Frau.

In dieser Laune verbrachten wir den Rest des Tages. Beim gemeinsamen Grillen am Abend erwähnte ich beiläufig meine Entdeckung in der Bild-Zeitung.

»Der Häcksler von letztem Jahr?« fragte Klaus aus Hanau, der mit seiner Familie im Mobilhome neben unserem wohnte.

»Ja, genau der. 2200 Watt. Äste bis sechs Zentimeter. Für 99 Euro.«

Wie sich herausstellte, hatte Klaus im letzten Jahr dasselbe Schicksal getroffen. Ob wir die Bild-Zeitung noch hätten, fragte er. Ich bat die Kinder, im Altpapier nachzusehen, und zwei Minuten später hatten sie die Blätter in der Hand.

Klaus nahm die Zeitung und zeigte die Anzeige wortlos seiner Frau.

»Der Dampfstrahler!« entfuhr es ihr.

So genau hatten wir uns die Anzeige gar nicht angesehen. Aber offenbar brannte Aldi-Süd gerade ein ganzes Feuerwerk an Sonderangeboten von Gartenartikeln ab. Auch die Polsterauflagen waren wieder im Angebot.

»Wir hatten schon überlegt, Daniels Schwester anzurufen«, sagte meine Frau. »Aber die ist Aldi-Nord.« Mitfühlende Blicke trafen uns aus der Runde.

Es wurde ein ruhiger Abend, früher als sonst räumten wir zusammen und wünschten uns eine gute Nacht. Aber an Schlaf war nicht zu denken. Mit offenen Augen lag ich an der Seite meiner Frau.

»Wie weit ist es eigentlich bis zur deutschen Grenze?« fragte sie plötzlich.

»Ungefähr 450 Kilometer«, sagte ich.

»Meinst du, du schaffst das an einem Tag hin und zurück?«

»Klar«, sagte ich, erleichtert darüber, diesen Vorschlag nicht selber gemacht zu haben und von ihr möglicherweise als völlig gestört abgestempelt zu werden. Sie drehte sich zu mir um, zog mich zu sich heran und küßte mich auf den Mund.

»Du bist ein Schatz!« Das sagt sie nicht sehr oft.

Am nächsten Morgen weihten wir unsere Urlaubsfreunde ein.

»Wir können den Häcksler für euch mitbringen«, schlug ich vor.

»Und den Dampfstrahler«, strahlte Marianne – Klaus' Frau.

Die Nachricht von unserer Expedition verbreitete sich wie ein Lauffeuer. Sonntagnacht um zwei Uhr verließ schließlich ein Konvoi aus drei Kombis und einem Minivan mit insgesamt acht Fahrern, ausgerüstet mit detaillierten Einkaufslisten von vierundzwanzig Familien, den Campingplatz in Richtung deutsche Grenze. Montagmorgen um halb acht hatten wir deutschen Boden erreicht und eine Viertelstunde später den Parkplatz der Freilassinger Aldi-Filiale besetzt, wo wir uns direkt vor der Eingangstür in Position brachten.

Vollgepackt mit Häckslern, Dampfstrahlern, Vertikutiergeräten und Polsterauflagen machten wir uns zwei Stunden später wieder auf den Rückweg. Mit großem Hallo, kühlem Bier und saftigen Steaks wurden wir begrüßt. Die Urlaubsstimmung war wiederhergestellt.

Zwischen die Kartons muß aber irgendwie der Aldi-Prospekt für die zweite Wochenhälfte gerutscht sein. Als meine Frau diesen interessehalber aufschlug, wurde ihr Gesicht aschfahl.

»Was ist los?« fragte ich. Zur Antwort hielt sie mir den Prospekt entgegen und konnte nur drei Worte über ihre Lippen bringen:

»Die Latex-Matratze ...«

Dieses Jahr haben wir drei Wochen Westerwälder Seenplatte gebucht – mitten in Deutschland. Der Campingplatz ist ideal gelegen: nur drei Kilometer bis zur nächsten Aldi-Nord- und fünf Kilometer bis zur nächsten Aldi-Süd-Filiale. Wir freuen uns jetzt schon auf die Angebote.

Sebastian Krämer
Die Wange im Wind

Ein erotisches Abenteuer widerfuhr mir im vergangenen Sommer auf der Bahnstrecke Bielefeld–Berlin im Großraumabteil eines InterCity (nicht ICE, IC! Das ist im Verlauf der Ereignisse noch von einiger Bedeutung).

Hier herrscht, wie wir wissen, selbst zur heißen Jahreszeit keine sehr sinnliche Atmosphäre.

Der Schauplatz läßt die Libido sich – wenn überhaupt – nur auf zweierlei Weise entfalten: entweder – was selten vorkommt – höchst obszön, unter Erfüllung des Tatbestandes mindestens eines öffentlichen Ärgernisses. Oder aber so verstohlen, so fein, daß die Grenzen des Schicklichen dabei in jeder Hinsicht gewahrt – ja, noch weit unterschritten werden.

Um es gleich frei herauszusagen und nicht etwa die Gier nach Uneinlösbarem anzufachen: Letztere Variante darf ich euch in Aussicht stellen ...

Ich sitze also im InterCity-Großraumwagen an einem der sogenannten Tischplätze. Nur Plätze, die um einen schmalen, fest installierten Tisch gruppiert sind, verdienen diese Bezeichnung, obwohl die Möglichkeit, sich ein einzelnes Tablett aus der Rückenlehne des Vordermannes herauszuklappen, die an allen anderen

Plätzen zur Verfügung steht, nur am Tischplatz nicht, weitaus zweckmäßiger und komfortabler ist. Denn dort kann es nicht geschehen, daß, wie im zu schildernden Falle, eine von vier Parteien die gesamte Tischfläche für sich allein beansprucht.

Studien der Wirtschaftslehre sind es augenscheinlich, die das mir gegenübersitzende, etwa 25-jährige Mädchen von angenehmem, aber nicht bestechendem Äußeren zwingen, mehrere Lehrwerke sowie einen grau gegitterten Spiralblock und eine bunte Federtasche mit lila Mäuseohren, der einzige Bestandteil des Ensembles, der »Lustigkeit« für sich in Anspruch nimmt, vor sich und den anderen Tischplatz-Reisenden auszubreiten. Niemand mag ihr dies verübeln. Unser Mitleid überwiegt bei weitem die Unannehmlichkeiten.

Der Herr zu meiner Linken hat vor einer Viertelstunde eine Apfelsine geschält und gegessen. Für den Rest der Fahrt wird er keine Arbeitsfläche benötigen. Ihm gegenüber die Gattin findet gerade noch den nötigen Raum, um nahe dem Fenster eine Thermoskanne mit Kaffee zu stationieren.

Wie ihr Studienmaterial, so ist auch die Studentin selbst von recht ausladender Gestalt, großgewachsen, geradezu breitschultrig.

Sie ist wie wir alle unter den herrschenden, fast tropischen Bedingungen sommerlich, ja luftig gekleidet. Ein ärmelloses Hemdchen verbirgt schlecht den großen, formlos fallenden Busen und endet eine halbe Handbreit über dem Bauchnabel. Die rechte der beiden bloßen Schultern zeigt ein zweifarbiges, etwa TÜV-Plaketten-großes Tattoo, das, einem Markenemblem vergleichbar, graphische und typographische Elemente vereint. Ein blaßrotes Herz bildet die Grundfläche, davor in dem für betagte Tätowierungen typischen Graugrün die etwas verwaschenen Lettern. Die deutliche stilistische Verwandtschaft zur gehobenen Graffiti-Kunst, die, wiewohl von der Schrift sich herleitend, dennoch nicht mehr Schrift ist im Sinne der Zugehörigkeit ihrer Bausteine zu irgend irdischem Alphabet, läßt mir die Lektüre der Inschrift ebenso unmöglich wie verzichtbar erscheinen. Nichts verleitet den Intellekt, sich an der Betrachtung zu beteiligen. Mein Blick ist ganz gedankenlos.

Durch das bis zum Anschlag geöffnete Fenster brüllt, ursprünglich beauftragt, die Hitze zu mildern, der Fahrtwind. Der Versuch, den Ohrstöpseln jene Botschaft zu entlocken, die mein Discman ihnen aufgetragen, scheitert. Dies sei nur erwähnt, um nachzuweisen, daß es durchaus meine Absicht war, mich von meinen Mitmenschen, die, wie mir bekannt ist, im Allgemeinen wenig Wert auf nähere Musterung durch Fremde legen, nach besten Kräften abzulenken, bevor mich endlich das nun folgende Geschehen ganz in Anspruch nehmen sollte ...

Die Studentin hat ihr Tagwerk verrichtet. Die Hilfsmittel ihrer Gelehrigkeit sind im Rucksack unter dem Tisch verstaut. Sie belohnt sich für ihren Fleiß, indem sie zum Fenster tritt, den Ellbogen auf den Metallrahmen der heruntergestemmten Scheibe stützt und den Wind, der ihr launisch entgegenschlägt, mit geschlossenen Augen wie eine Zärtlichkeit empfängt. Obwohl es doch seine Gewalt ist, die die Genießerin zwingt, die Augen zu schließen! Sie schützt sich vor ihm, und liefert sich eben hierdurch um so schutzloser seiner Zudringlichkeit und meiner eingehenden Beobachtung aus. Die ja auch eine Zudringlichkeit ist. Da ich sehe, ohne gesehen zu werden, bin ich nichts anderes als ein Voyeur.

Sie öffnet den Mund ein wenig, um Luft zu trinken, und ... etwas Seltsames geschieht.

Es flattert ihre dem Wind zugewandte Wange wie eine Fahne.

Eine Bewegung von großer Hast, vergleichbar dem Flügelschlag kleiner Vögel.

Welche Strömungsverhältnisse in Mund- und Rachenraum, welche Gesichtsspannung, welche Windstärke sind erforderlich, um diesen Effekt zu erzielen? Der Toleranzbereich für die genannten und unzählige weitere Parameter ist gewiß sehr eng abgesteckt. Solche Schauspiele gönnt uns die Natur nur in kleinen Portionen.

»Verschließe«, raune ich mir zu, »verschließe dies Flattern jetzt sicher in deiner Erinnerung, daß es dort ewig anhalte und ja nie anhalte.«

Möglich, ja wahrscheinlich, daß die derart Gebeutelte den eigentümlichen pneumatischen Vorgang gar nicht bemerkt. Der Wind ist auf ihrer Stirn, in ihren Haaren, droht ihr den Atem zu nehmen. Sie wird sich nicht darum scheren, was er mit ihrer Wange anstellt. Gottlob! Denn dies bemerken und es dulden – soviel Geschmack traue ich ihr nicht zu.

Ich hingegen vermeine die Einwirkung, deren Zeuge ich bin, geradezu physisch zu erleiden. Bin hingerissen, als wäre ich selbst jene Wange im Wind ...

Und dann ist es der Zug, der anhält und mit mählicher Bremsung alles in ihm zum Stillstand bringt.

Den Atem angehalten hat der Wind.

Angehalten und durch Anhalten aufgerüttelt sind der Schlummer des tischplatzreisenden Ehepaars, das Luftbad der Studentin und mein Studium ihrer winzigen, unfreiwilligen Gesichtsartistik.

Angehalten und einer triumphalen Hitze gewichen, die für wenige Momente der Hingebung vergessen war.

Nina Heinzel
Wind

Ein kleiner normaler Urlaub mit Hund in einem Ferienhaus am Meer. Und danach war dann doch nichts mehr wie vorher. Wir sind irgendwie alle verrückt geworden. Wir können im Nachhinein sogar den genauen Zeitpunkt benennen. Es ist bei einem Strandspaziergang nach dem Essen passiert. Es war windig, als wir losgingen, aber das störte uns nicht, wir sagten so Sachen wie: daß wir uns so richtig durchpusten lassen wollten und den Kopf freikriegen. Aus dem Wind wurde ein ordentlicher Sturm, und der Sand wirbelte kniehoch auf, so daß der Hund kaum noch zu sehen war. Man konnte sich nach vorne lehnen, ohne umzukippen. Unterhaltungen waren nicht mehr möglich, aber wenn man den Mund öffnete und verschiedene Os formte, machte der Wind Töne darauf. Als der Wind nachließ, gingen wir in ein Café, wo der Hund auf den Teppich kotzte. Die Kellnerin meinte, das passiere öfter nach solchen Stürmen, der Hund hätte vermutlich zuviel Sand geschluckt. Zurück in unserem Ferienhaus, wurde uns nach und nach allen schwindelig. Komischerweise haben wir das einstimmig auf die riesige Satellitenschüssel des Hauses geschoben. Unser Haus war einsam gelegen, und wir dachten, es müßten schon gewaltig starke Strahlen sein, die uns über 30 technisch einwandfreie Fernsehsender bescherten. Erst auf dem Nachhauseweg merkten wir, was wirklich mit uns los war. Im Auto roch es nach Hund, und wir kurbelten ein Fenster herunter. Der Hund streckte seine Nase heraus. Es dauerte nicht lange, bis alle Fenster komplett heruntergekurbelt waren und wir alle unsere Köpfe nach draußen in den Fahrtwind streckten, so daß man kaum noch atmen konnte vor lauter Luft. Wir änderten diesen Zustand nicht, bis wir zu Hause angekommen waren. Wir fühlten uns unsagbar wohl. Den leichten Schwindel sind wir nicht mehr ganz losgeworden, dafür waren wir um eine Leidenschaft reicher. Als Beifahrer sind wir relativ unbeliebt, als Fahrer werden wir von Außenstehenden abgelehnt. Aber es muß nicht unbedingt Fahrtwind sein. Wir mögen jede Art von starkem Wind.

Oliver Gasperlin
Der Gipfel

Auf sechstausend Höhenmetern seinen Namen ins Gipfelbuch zu schreiben, ist nicht leicht. Nicht, weil man nicht mehr schreiben könnte, sondern weil man seinen Namen vergessen hat. Manche haben sich gerade auf den letzten hundert oder zweihundert Metern völlig übernommen. Die Vorfreude hat sie angetrieben, das Tempo zu verschärfen und über sich hinauszuwachsen, oder sie wollten einfach nur vor irgendjemand anderem oben sein, der schon zwanzig Meter Vorsprung hatte. Und wenn sie dann oben sind, dann sind sie völlig erschöpft, ihre Gehirne leiden unter Sauerstoffmangel und sie wissen nicht mehr, wie sie heißen.

Deshalb bin ich hier. Ich gebe den Leuten Namen, die sie dann ins Gipfelbuch schreiben können. Den Frauen Frauennamen und den Männern Männernamen. Die wenigsten leisten irgendeinen Widerstand. Sie fragen: Woher wissen Sie das? Und ich sage: Ich weiß es eben, das ist mein Job. Dann schreiben sie den Namen, den ich ihnen gegeben habe, in das Buch. Das Buch ist voll von lauter Namen, die ich erfunden habe. Das heißt, eigentlich erfinde ich die Namen nicht. Die Namen habe ich irgendwo gelesen. Besonders mag ich Namen aus mittelhochdeutschen Epen. Es macht mir Spaß, Frauen einen Moment lang glauben zu lassen, dass sie Krimhild oder Kunigunde heißen, oder männliche Willehalms bei der Signatur zu beobachten. Ich weiß, dass es sie irritiert, wenn ihre Unterschrift zittrig und unsicher ist, so als ob sie noch nie ihren eigenen Namen geschrieben hätten, aber ich sage, das sei die Höhenluft. Und ich sehe in beruhigte Gesichter, auf denen steht: Nun ja, wenn das alles ist, was uns die Höhenluft anhaben kann. Und schon fühlen sich diese Menschen wie neu geboren.

Natürlich muss man Franzosen französische Namen geben, Engländern englische, Japanern japanische und so weiter. Das hat damit zu tun, dass das psychologische Gleichgewicht auf sechstausend Höhenmetern sehr labil wird. Wenn man also einem Franzosen einen deutschen Namen gibt, dann kann es passieren, dass er neben seinem eigentlichen Namen auch noch das Land vergisst, zu dem er gehört, und dabei für einen kurzen Moment ganz aus dem Gleichgewicht gerät. Ein solcher Moment kann wie ein Schock wirken und derselbe Franzose, der gerade noch voller Freude auf den Gipfel kam, stürzt sich im nächsten Augenblick über den Rand des Plateaus in die Tiefe.

In meinem Büro, das ein kleiner Holzverschlag gleich neben dem Kreuz ist, habe ich daher ein Buch, in dem ich Namen aus aller Welt gesammelt habe. Es ist kein offizielles Büro, im Gegenteil, schon oft hat mich die Nationale Behörde für das Bergwesen aufgefordert, von diesem Gipfel zu verschwinden. Vor einer Woche kam wieder einer den weiten Weg hier herauf, nur um mir das mitzuteilen. Er sagte »Verpiss dich hier« und schien sehr wütend zu sein wegen des langen Weges, den er ja zurücklegen musste. Ich fragte ihn, wie denn sein Name sei, aber der fiel ihm nicht ein. Ich schlug ihm einen vor, den er akzeptierte, um nicht völlig das Gesicht zu verlieren. Wir unterzeichneten beide eine Bestätigung, dass er hier gewesen war und mir das Nötige gesagt hatte, dann zog er wieder ab. So geht das immer. Die Behörde wird auch in diesem Jahr wieder damit beschäftigt sein, die Beamten zu eruieren, die sich hinter den Namen der Unterzeichner all der sinnlosen Bestätigungen verbergen. Wenn dann wieder einmal jemand glaubt, endlich den Durchblick gewonnen zu haben, dann kommt er hier herauf, nur um seinen Namen zu vergessen – und so geht das von vorne los.

Ich bilde mir darauf nichts ein. Ich sage nur, dass ich eine sehr nützliche Aufgabe erfülle: Ich verteile Identitäten. Auf sechstausend Höhenmetern lassen die identitätsstiftenden Grundfunktionen des Gehirns nach, und ich verteile Namen wie Krücken, Namen, auf denen man sich während der zehn oder fünfzehn Minuten, die man auf dem Gipfel verbringt, ausruhen kann, die den Leuten Halt geben und die Möglichkeit, sich in dem einzigen Medium zu verewigen, das ihren Erfolg dauerhaft dokumentiert, dem Gipfelbuch.

Hier oben herrscht die Tumbheit sauerstoffunterversorgter Gehirne, darüber kann man lachen oder nicht. Ich habe Leute gesehen, die trotz meiner Hilfe ihren Namen einfach nicht mehr schreiben konnten und deswegen den Kugelschreiber an ihrem eigenen Kopf zerstörten oder in das Gipfelkreuz bissen. Es ist keine Frage der Bildung, ob man das tut oder nicht, ich habe Professoren gesehen, die es getan haben, und Menschen, die von Berufs wegen die Straßen teeren. Noch heute steckt der Zahn eines Professors für Wirtschaftsinformatik in dem Gipfelkreuz, und ich habe ihn nicht entfernt, weil dieser herausgerissene Zahn mich daran erinnert, wie existenziell wichtig es den Leuten ist, im Moment der Namenlosigkeit Zugang zu ihren Wurzeln zu finden – und seien es nur die Zahnwurzeln.

Warum all diese Menschen überhaupt hier hochsteigen, ist eine ganz andere Frage. Zuletzt sind es immer mehr geworden, nicht nur geübte Bergsteiger, sondern Freizeitkletterer und Hobbywanderer, völlig untrainierte Laien, die von den Anstrengungen, die sie hier erwarten, nicht die geringste Ahnung haben. Agenturen verdienen heute ihr Geld damit, sogar Großmütter, Magersüchtige und Rollstuhlfahrer heraufzuschieben, nur damit sie hier ein paar Minuten herumkeuchen oder sich erbrechen und später sagen können, dass sie noch Mensch genug waren, das ausgehalten zu haben.

Ich weiß nicht, wohin das noch führen soll, aber wenn es Abend wird, dann denke ich doch immer, dass alle, die hier oben waren, wenigstens eines gehabt haben: einen Namen. Sie waren wer gewesen, und sei es auch nicht der, den sie den Berg heraufgeschleppt haben. Aber vielleicht ist es gerade das und nicht der Gipfel, was der Sache einen Sinn gibt.

Mario Schreiner
Rote Grütze

An einem Tag wie diesem, nur weit, weit vor unserer Zeit, saß ich gerade im Auto und war unterwegs zu mehreren Kunden, die meine durchaus gut bezahlte Hilfe erbeten hatten, als mir irgendjemand eine volle Ladung frische Rote Grütze über den Kopf schüttete. NA TOLL! Schmeckte ja an sich ganz o.k., leckere Waldbeeren in dickflüssig-süßer Soße, aber so hier und jetzt auf den Klamotten, beim Fahren, im Auto, ohne Löffel oder ein Schüsselchen dabei? O.k. Passiert ist passiert. Es gibt Tage, da nimmt man so was nur am Rande wahr. Ich stieg also beim ersten Stopp aus dem Wagen und zog eine rutschig-flutschige Schleimspur hinter mir her. »Guten Morgen, Sie haben also Probleme mit dem Satelliten-Empfang? Na, wo steht denn der Fernseher?« Man geleitete mich ins Wohnzimmer, wo ich Teppich und Sessel von kostbaren Unikaten in glibberige Matschfelder verwandelte, aber Service ist Service und der Hausherr schwieg. Die Schrauben und kleinen Kabel wutschten nur so hin und weg unter meinen rotbegrützten Fingern, dass es zu beobachten eine Freude war. »Endlich mal was los bei mir!«, rief ich, und gleich hinterher: »Rote Grütze ist das, wissen Sie? Mit Johannisbeeren und Himbeeren drin. Hat mir jemand übergeschüttet, eben im Auto, verrückt, was?!« Das schien wirklich keinen zu stören auf meiner Tour. Die Leute öffneten teilnahmslos die Tür, erklärten mir ihre technischen Problemchen, ich saute ihnen die Wohnung ein, aber behob den Fehler und ging. Dankeschön, Wiedersehn. HALLOO?? Ich tropfte nur so vor Süßspeise an mir und keinen schien das zu stören?? Was war nur mit der Welt los. Alles war irgendwie egal geworden, jeder jedem jedes keinem niemand immer. Verrückt. Fast hätte ich begonnen, diesen Tag als absolut normal einzustufen, als ich an der Ampel von einer nervösen älteren Dame mit langen blond-grauen Haaren aus dem hohen Fenster ihres schmalen Hauses angesprochen wurde: »Verzeiht, holder Jüngling, ist das Rote Grütze auf Ihnen da?« – »Ja, ist es. Warum?« – »Och, ich wollts nur wissen, sieht nämlich ganz herzallerliebst aus zu dem Hemd. Kann ja nicht jeder tragen, wissen Sie. Mein Mann zum Beispiel, der jeden Morgen mit einem Klumpen Gold ins Büro hinter den sieben Bergen geht, wird da oft von seiner Kollegin Frau Holle mit Zucchinis zugeschneit und Grün ist absolut nicht seine Farbe.« – »Ja, dann soll sie doch mal Rote Grütze nehmen, die Gute, vielleicht hilfts ja. Danke, tschüss, ich muss weiter.« Gab meinen sechs Pferdchen die Peitsche und trabte mit der glänzenden Kutsche davon.

Als ich abends im Bett lag und mir die letzten Heidelbeerchen aus dem Ohr gepult hatte, da dachte ich nur so kurz vor dem Einschlafen:

»Also, wenns morgen Vanillesauce und güldene Taler regnen

sollte, dann spricht das für schlechtes Timing, aber an *mir* liegts nicht. Hauptsache, endlich mal was los!« Und drehte mich um, schlief für mehr als hundert Jahre ein und träumte von einem edlen Kuss, der mich aus dieser schmutzigen Welt erlösen sollte. Und wenn ich nicht verdorben bin, dann tue ich das wohl heute noch.

Thomas Glatz
ein einzeiler/zwei zweizeiler/ drei dreizeiler/vier vierzeiler

ein einzeiler
vorn: gott mit übersprudelndem gefäß//

zwei zweizeiler
1
der morgen eine schachtel/
springteufel der tag//

2
muscheln suchen/
am gletscher//

drei dreizeiler
1
wolken/
von wolken/
verdeckt//

2
mamlukische wolken/
rumseldschukische wolken/
altassyrische wolken//

3
eine trauben lesende frau/
eine »trauben« lesende frau/
eine »trauben lesende« lesende frau//

vier vierzeiler
1
die ausstellung eröffnet/
die ausstellung öffnet/
die ausstellung läuft/
die ausstellung schließt//

2
den wein entkorkt/
das glas gespült/
die platte tanzt/
die pflicht ruft//

3
am heiligen abend/
auf dem weg zum bahnhof/
achtmal das wort/
»scheißdreck« gehört

4
kennen sie sich aus/
können sie mir sagen wie ich am besten ums leben komme/
warten sie, ich habe einen stadtplan/
so laufen sie doch nicht gleich weg//

Nina Ender

Ein Lebensstück

Aus den Ecken riecht es nach alten Hunden und Kioskschnaps. Eine Zeitung wird ausgeschrien.

Ich steige die breite Steintreppe weiter hinunter. Unten stehen mehreckige Mülleimer mit Pyramidendächern. An deren Seiten runde Öffnungen. Aus einem Loch sehe ich einen Schwarm Marienkäfer aufsteigen und Richtung Licht fliegen. Zu spät werden sie merken, dass die langen grellhellen Röhren nicht der Sommer sind.

Ohne einen zweiten Kontrollblick auf die digitale Anzeigentafel mit dem leuchtenden Nichtraucherzeichen stolpere ich durch die mit schwerem Seufzen für Sekunden aufgeworfene Tür in den Wagen. Der Rücken lauert wie ein Feind zwischen meinen entzündeten Schulterblättern. Der Kopf meldet ein Stechen. Die Bahn rast unerschrocken ins Dunkel. Mir geht ein kurzes Zucken durch, falsch eingestiegen.

Als sei er eine Angel, werfe ich meinen Blick über einer Gruppe sehr klein gewordener Omas aus, die zu sechst auf Viererplätzen sitzen, keines der Füßchen erreicht mehr den Boden. Sie lassen ihre Beine im Takt des Fahrtrhythmus baumeln und sagen Kinderverse auf, *Ene Mene Muh. Ene Mene Mist ists. Rappelts und dann bist dus.* Jede von ihnen trägt einen Flauschhut mit einer kleinen blauen Schlaufe. Ihre faltig eingeworfenen Händchen halten verrätselte Taschen. *La Le Lu. Nur der kranke Mond schaut zu.*

Im Minutentakt quietscht die Bahn in namenlose Stationen hinein, die sich einzig als gelb gefliese Ausbuchtungen von den breiten Tunnelschächten absetzen. Noch ehe ich mich entschieden habe, jetzt aber schnell auszusteigen, werde ich von immer neu hereindrängenden niedrigen Omas nach hinten gestoßen. *La Le Lu.*

Arsch mit Ohren, auserkoren. Grippewelle. Babypille. Bi Ba Butzemann. Pling, Pling. Zeig dein Ding. Mit jeder Station werden es mehr und mehr kleine Omas. Bald sind alle Plätze belegt und sie bleiben im Gang stehen, halten sich unten an den Stangen fest, stampfen mit ihren klobigen Schuhen im Takt. Die undurchsichtigen Strumpfhosen machen beim Aneinanderreiben Geräusche wie Katzenweinen. *Vergessen, verschissen. Gelungen, gesprungen. Ri Ra Rutsch, schon ist alles futsch. Durchgefickt, rausgedrückt, großgekriegt. Lirum Larum Löffelstiel, wer gern säuft, der trinkt halt viel.*

Johlende Kinderhorden stürmen herein. Rangeln sich in Scharen um die letzten Zentimeter. Markieren Revier mit ihren Speichelspuren und fransigem Edding und riechen nach aufgestoßener Milch. *La Le Lu. Ri Ra Rutsch. Lirum. Larum. Warum. Darum.* Die Kinder und Kleinstkinder fallen in den Chor der Winzigomas ein, brüchige Stimmen, überschlagen sich. *Lange leben. Oben kleben. Runterfallen. Arsch verknallen.* Ich stehe in die letzte Ecke des Abteiles an beschlagenes Plastik gedrückt, wende meinen Blick ab. Von dem lärmenden Knäuel Lebensstück. Und stoße ein Gebet in einen Himmel, an den ich nicht glaube. Oh, bitte. Bitte, lass sie verstummen.

Es ist still. So schlagartig, dass mir graut. Mit zerrissenen Augen blicke ich auf und – es ist kein weichliches Wesen mehr vorhanden. Statt der Winzigomas und Kleinstkinder liegen nun auf den Sitzen, kriechen über den Abteilboden oder strampeln auf dem Panzer gestrandete, ja, Schildkröten. Nach einer weiteren Grauenssekunde atme ich auf. Ja.

Ich bin fähig. Ja. Ich bin magisch, weise. Visionär.

Schildkröten brauchen Wasser. Die Bahn hält mit kreischenden Rädern und ich scheuche die Schildkröten über den Strand. Am Wellenrand bleiben sie stehen. Wir sind aber Süßwasserschildkröten, piepst eine Omaschildkröte und eine Babyschildi nickt schnippisch mit dem Köpfchen dazu, na? Ich lasse das Salz zu einem riesigen Fels kristallisieren, der weit hinten am Horizont weiß schimmernd aus dem Meer ragt. Augenblicklich vergnügen sich meine Schildkröten im Wasser, werfen mit ihren kleinen Blinkäuglein von Zeit zu Zeit dankbare Blicke in meine aufrechte Höhe. Und für siebeneinhalb Sekunden fühle ich Glück. Dann werden mir die Schildkröten über und ich verwandele sie zurück, hebe meine Hände, lege eine Ansammlung von Ernst in meine Augen, bilde geheimnisvolle Laute aus mir heraus. Leider gelingt mir die völlige Rückverwandlung nur bei einer Omaschildkröte und bei einem Kind.

Du heißt Joas, sage ich zu dem blond gelockten Knaben, und bist jetzt mein Sohn. Iane, sage ich zu der Alten, deren wenige Haare nun anstelle des Hütchens blau eingefärbt sind, du wärst die Oma. Wir sind nun eine Familie und teilen das Leben.

Um meinem Kind etwas bieten zu können, lege ich Joas den Arm um die Schultern, deute mit dem anderen in diese Ferne und sage, sieh her, mein Sohn, wie schön das Meer ist. Doch Joas schüttelt mich unberührt ab und nuschelt, und? Was soll da schön dran sein? Aber, ich will ausholen, die unanzweifelbare Schönheit des Meeres in den dummen Jungen hereinreden, meine Augen kommen auf dem trist tanzenden Wasser zu ruhen und ich sehe das Meer. Nicht mehr als ein trauriger Wurmfortsatz des wolkenbehangenen Himmels. Joas, sage ich jetzt ärgerschwer, du wirst zum Manne werden. Du musst einen anständigen Beruf erlernen. Trotzig stampft er im Sand auf. Los, brüll ich, fang an. Da reißt Joas beide Arme in die Luft und schreit mit schriller Stimme, denkste. Ich will Schauspieler werden. Er verbessert seine Pose, Bestimmtheit verleiht seinem dünnen Stimmchen nun Klang, *werd ich zum Augenblicke sagen: Verweile doch! Du bist so schön* ... Vorsicht, kreisch ich, Schreck in den Kniekehlen, stopp.

Zu spät. Das verhutzelte Männlein, mit rotem Umhang und einer riesigen Kapuze über die eingefallenen Gesichtsreste gezogen, ist bereits aus dem Nichts erschienen und ruft pathetisch in den Nachthimmel, *ich bin der Geist, der stets verneint!* Dieser Geist hat meinen Joas sacht bei der Hand gepackt und lässt ihn nun nicht wieder los.

Iane macht ihren Mund selten auf, aber wenn, dann jammert sie Sachen, die einfach Sinn machen. Ich will nach Hause, sagt sie, in ihrer Stimmschwingung all die ziellose Andacht des Alters.

Wir stehen vor einer Bahnstation, in die man nicht hineingehen kann, da Fenster und Türen mit silbernem Stift auf den Holzklotz bloß aufgemalt sind. Neben uns steht ein lackierter Mann. Sag grüß Gott zu dem Mann, Joas, sage ich, um dem Kind einen Anstand beizubringen. Menschen muss man grüßen. Es ist eine Spielzeugfigur, entgegnet Joas altklug und wendet sich wieder seinem Geist zu. Ich will erwüten, doch in diesem Moment fährt die Bahn ein. Iane sagt, in der Stadt wird es anders sein.

In der Stadt haben mittlerweile die Schildkröten die Macht übernommen. Sie sitzen tagsüber in den unzähligen Bürotürmen an lautlos laufenden Computern, zehn Stunden am Stück oder zwanzig, ohne auch nur ein einziges Mal über Rückenverspannung oder Kopfschmerz zu klagen. Sie verkehren des Abends in den erlesenen Restaurants und ernähren sich streng vegetarisch, nur ab und an sieht man die eine oder andere einen kleinen Fisch aus den Zieraquarien naschen. Die übergebliebenen Menschen sind einzig noch zum Leeren der Mehrecksmülleimer in den Bahnstationen eingestellt. Sie sammeln dort auch die vielen Zigarettenkippen zusammen, die den Schildkröten aus den gelben Plastikmundstücken bröseln, welche unentwegt in ihren Mundwinkeln hängen.

Da für die Familie in der Stadt kein Platz mehr ist, bleiben wir in der Bahn. Wir schlafen über die Sitzreihen verteilt und ernähren uns von altgeatmeter Luft und ganz ähnlicher Liebe. Betreten die Schildkröten des Morgens auf dem Weg zur Arbeit zufällig und nur für kürzeste Dauer unser Abteil, ziehen sie angewidert die kleinen Nasenlöcher zusammen, abgestoßen von den Ausdünstungen rohen menschlichen Fleisches. Auch nässt der Junge nachts ein, aufgrund seiner schwierigen Situation. Ist er wach, so rezitiert Joas weiterhin die Klassiker der Weltliteratur, wobei ihm sein Geist ergeben souffliert. *Habe nun, ach! Pholi …* Philosophie, flüstert der Geist. *Ach! Philophie …* Philosophie, Phi-lo-so-phie, wieder der Geist. Und ich wünschte, ich könnte die ausnahmslose Stille in mir einfach mal herauskehren oder alles in dieses Riesenloch reinwerfen, das ich ohne Unterlass ins Schwarz starre.

Die Stadt wird von einer einmütigen Union regiert, an deren Spitze eine Riesenschildkröte sitzt, die sich Kohlrabi nennt, wobei jeder weiß, es handelt sich um einen Künstlernamen und der ist sehr wohl eine Anspielung auf die satten Jahre. Aus den Reihen der Opposition ist ein einziger Kauz verblieben, der Joas' rot bemanteltem Geist aufs Auge gleicht. Von Zeit zu Zeit wirft er nicht ohne Erbitterung seinen immer gleichen Satz in die lauwarme Debatte, *ich bin der Geist, der stets verneint!?* Aber für Politik interessiere ich mich nur mäßig.

Iane indessen ist noch schweigsamer geworden. Würden ihre Haare noch wachsen, so sollte unter all dem Blau vom Haaransatz ausgehend längst wieder ein Weiß durchschimmern, sie gleicht einem verirrten Mondstrahl. Und ich hänge so dakauernd und herumwippend manchmal mit allen Augen über Monate an ihren Lippen, bis sie endlich, endlich wieder, kaum noch mit Stimme in diese Zeit fern von Verstehen gehaucht, die eine Weisheit formen: Früher, früher war alles besser.

Oder sagte ich das? Ich wünschte mir ein Wirtschaftswunder zum Geburtstag.

Ivo Engeler
Das kleine rote Auto

Als ich kürzlich auf einem Karussell die zehnte Runde absolvierte, fragte mich eine Mutter neben dem Karussell, ob ihr Kind auch einmal auf meinem Pferd sitzen könnte. Ihrem Kind würde eben das Pferd, auf dem ich mich niedergelassen hatte, besonders gut gefallen. »Natürlich«, sagte ich, als ich das nächste Mal auf dem Pferd an der Mutter mit ihrem Kind vorbeigaloppierte. »Im Grunde«, sagte ich, als ich auf ein Weiteres auf dem Pferd an der wartenden Mutter mit Kind an der Hand vorbeischwankte. »Im Grunde«, führte ich beim nächsten Blickkontakt mit der Mutter aus. »Im Grunde«, versuchte ich der Mutter vom Kind, das ihr Kind war, zu erklären. »Im Grunde«, huschte ich ein weiteres Mal in gemütlichem Trab vorüber. »Im Grunde«, schaute ich zum Riesenrad hoch. »Im Grunde unterscheidet sich die erste Runde kaum von dieser Runde. Im Grunde ist es völlig uninteressant, Karussell zu fahren. *Ich* würde Ihrem Kind das kleine rote Auto empfehlen.«

Die Runde im kleinen roten Auto sollte nie enden.

Im Grunde war mir schon bewusst, dass ich langfristig nicht immer an demselben Morgen aufstehen kann. Doch im Grunde wollte ich genau das. Dieser tiefgründige Zwiespalt verursachte, dass ich nie mehr an diesem Morgen aufwachen wollte. Im Grunde war ich mir bewusst, dass ich nie mehr an diesem Morgen aufwachen würde, und genau das wollte ich. Ich ging schlafen und wachte am nächsten Morgen auf.

Ich ging schlafen und wachte am nächsten Morgen auf.

Am nächsten Morgen erwachte ich in einem roten Auto. Die Musik war längst ausgeschaltet, der Motor kalt. Ich klappte die Sitze hoch und sah mich um. Das rote Auto war irgendwo auf einem Feldweg parkiert. Ich hatte darin geschlafen und war eben aufgewacht. Plötzlich galoppierte ein Pferd links am Auto vorbei, dabei hatte ich den Motor noch nicht gestartet. Ich startete den Motor und verfolgte das Pferd. Auf dem Pferd hockte eine Reiterin. Durch mein ungebührliches Fahrverhalten zwang ich die Reiterin, ihr Pferd zu stoppen und den Motor abzustellen. Ich drehte die Scheiben runter, und die Reiterin fragte mich: »Darf ich auch mal mit dem roten Auto fahren?« Sie drehte die Scheiben runter und fragte mich: »Darf ich auch einmal mit dem Pferdchen galoppieren?« Sie drehte die Scheiben runter und fragte mich: »Könntest du mich mit deinem roten Auto in die Gebärstation fahren?« Sie drehte die Scheiben runter, und ich fragte mich: »Ist das mein Pferd?«

Ich drehte die Scheibe runter.

Eine Scheibe für dich und eine Scheibe für mich. Ich schnitt noch eine Scheibe ab und eine für dich und eine für mich und eine für dich. Ich brachte dir die Scheibe, und mir musste ich sie nicht bringen. »Im Grunde interessiert mich nicht das Brot. Im Grunde interessiere ich mich nur für dich«, sagte ich dir mit vollem Mund: »Das Brot esse ich.«

Sie hatte Hunger, und ich brachte ihr noch eine Scheibe Brot.

Sie freute sich, als ich sie mit dem roten Auto abholte. »Ich dachte schon, ich müsse wieder das Pferd nehmen«, rief sie mir zu. Ich freute mich, als sie neben mir ins rote Auto stieg. »Ich dachte schon, du hast wieder das Pferd genommen«, rief ich ihr zu und: »Fahren wir einfach los?« Und sie: »Fahren wir einfach los.« Und das Karussell dreht sich.

Und das Karussell dreht sich.

Sven Heine
Slipper mit Bommeln

»Willst du auf die Fresse! Aller?!«
Es ist sechs Uhr. Die Straße ist leer. Ich bin auf dem Weg zur ersten Bahn. Kämpfe mit einer Dose Cola gegen Alkoholreste und meine Müdigkeit, dazu esse ich ein warmes Croissant.

Rene Weller läuft auf der anderen Seite und schimpft. Seine Fäuste zermürben den durchsichtigen Gegner vor ihm. Er merkt nicht, wie sich der Bürgersteig hebt und senkt. Er merkt auch nicht, wie sich diese Bodenwelle vor ihm aufbaut. Dabei holt er gerade aus, will sein Bein heben, um den Gegner endgültig zur Strecke zu bringen. Sein Slipper stößt gegen die Asphaltwelle. Rene Weller wankt, und sein Oberkörper bewegt sich wie ein brünstiger Täuberich, immer vor und zurück.
Jetzt schimpft er wieder. Die Langhaarigen! Bombenleger! Die Kelly Family! Joschka Fischer, der Arsch!
Wir laufen im Gleichschritt wie Synchronschwimmer. Ich esse mein Croissant mit der noch warmen Schokolade. Er tänzelt wieder.

»Ey, Aller! Ich hau dir gleich so richtig eine rein!«
Rene Weller bleibt stehen. Setzt einen Fuß auf die Straße. Kommt auf mich zu. Er steht vor mir, und seine Goldkette bewegt sich, weil sein Atem so schwer geht, als würden seine Fäuste schon jetzt auf mich einprügeln. Aber sein Schnurrbart ist ruhig, der bewegt sich nur beim Reden. Noch sagt er nichts, starrt mich nur an. Ich gehe weiter. Ignoriere ihn und seine Slipper mit den zwei Bommeln dran. Ich beiße von meinem Croissant ab und schaue auf seinen Schnurrbart. Dazu die blonden Haare und die Goldkette. Rene Weller sieht aus wie ein norwegischer Pornovertreter, denke ich, und dann muss ich grinsen, während ich den Rest des Croissants in den Mund schiebe, und ich weiß, grinsen hilft nicht viel. Eigentlich gar nicht.

»Ey, hör mal zu! Was gibt es da zu grinsen, du Sau!«
Er kommt wieder näher. Greift mir von hinten an den Arm.
»Ey, Aller, da habe ich jetzt so richtig Bock drauf.«
»Was soll der Scheiß!«, mir ist nicht nach Körperkontakt. Eigentlich will ich nach Hause. Einfach nur schlafen und meine Ruhe.
»Ey, nix da. Ich mach dich fertig!«
Er zieht an meinem Zopf. Ich bin der Langhaarige. Der Bombenleger. Die Kelly Family und sogar ein bisschen Joschka Fischer. Aber ich bin das im Moment überhaupt nicht gerne. Dem Pornovertreter ist das egal, und er zieht zur Bekräftigung noch etwas stärker an meinen Haaren.

In meinen Haarwurzeln brodelt es. Meine Gedanken sind in Harz gegossen. Meine Reflexe eingefroren. Ich versuche, meine innere Stimme zu hören, aber sie sagt nichts. Dann lässt er mich doch wieder los. Folgt mir aber dicht. Hat die Krallen noch ausgefahren. Ich entkomme ihm nur kurz, aber nach 10 Metern hat er mich wieder. Dieses Mal im Schwitzkasten.
»Ey, Aller, da habe ich jetzt so richtig Bock drauf.«

Er stößt meine Nase in die Tiefen seines Pullovers. Es riecht dort nicht gut. Die gesammelten Gerüche des Abends finde ich wieder. Es kann kein schöner Abend gewesen sein, und ich möchte auch keine Einzelheiten erfahren. Ich will nach Hause. Mir ist schlecht.

Und auf einmal laufe ich. Ich und meine Sprintermuskeln.
Bundesjugendspielegewinner gegen norwegischen Pornovertreter.
Bundesjugendspielegewinner ist vorn.
Der Norweger nur kurz dahinter.
Bundesjugendspielegewinner zieht an.
Der Pornovertreter hat Mühe zu folgen.
Aber der Bundesjugendspielegewinner kann das hohe Tempo nicht halten.

Der Norweger fällt zurück.
Unbeirrt läuft der Bundesjugendspielegewinner seine Runden, während der Pornovertreter aufgibt, verschnauft und in die Hecke kotzt.

Erst mitten im Park nehme ich die Menschenleere um mich herum wahr, die sich gut anfühlt, die ich einatme, in der ich verschnaufe. In der Hand habe ich noch die Coladose, die ist ganz zerdrückt vom Zusammenstoß mit dem Norweger. Ich denke an die Slipper mit den Bommeln dran. Damals in der Tanzschule musste ich die auch immer tragen. Die sahen echt scheiße aus, und laufen kann man mit denen auch nicht.

Dagmar Schönleber
Adrenalin – oder so

Wir waren nicht politisch, aber korrekt. Wir lernten uns im Flötenkreis kennen und wussten sofort, wir würden eines Tages die Welt rocken. Wir fanden ein Genre und begannen den Weg zum Rockerolymp, unter anderem in Kleinmarpe, zugegeben einem für das Gebären von Stars eher unbekannten Ort. Wir waren auf einer Lesung, genauer waren wir die Lesung gewesen, und wir hatten wirklich alles gegeben. Das Dutzend Zuhörer hatte freundlich geklatscht und sich amüsiert, trotzdem stellte sich das Gefühl des Umschwärmt- und Hofiertwerdens noch nicht wirklich ein. »Katinka, und du bist sicher, dass wir mit Slam Poetry so richtig rocken können?«, fragte ich meine Mitleserin, während wir den Müll vor der Bühne zusammenfegten. Die Putzfrauen saßen in unserer Garderobe, wir hatten ihnen nicht zu viele Umstände machen wollen. »In der Zeitung stand: ›Poetry Slam ist Rock 'n' Roll!‹«, versicherte Katinka. »Warum werden wir dann nicht wie Rockstars behandelt?«, fragte ich und begann, die Stühle zusammenzustellen. Da wankte ein kleines gebeugtes, grau- und langhaariges altes

Männchen zu uns, das mir schon während der Lesung durch seine »Schöne Geschichten, aber was ist mit Stage Diving?«-Rufe aufgefallen war. »Wo ist denn hier die Party?!«, krächzte es. »Ich dachte, Slam Poetry ist Rock'n'Roll, stand in der Zeitung!« Er musterte uns und aschte seinen Joint ab. »Ich glaub, Rock'n'Roll müsst ihr noch ne Menge lernen, Mädchen!« Er schwenkte drohend seinen Spazierstock, der mit AC/DC- und Motörhead-Aufklebern übersät war. »Trinken allein ist nicht alles! Die Öffentlichkeitsarbeit zählt, versteht ihr? Aber falls es euch tröstet: Mein älterer Bruder fand euch echt scharf!« Er deutete mit einem schwer beringten Daumen hinter sich, wo wie auf Kommando ein weiß- und langhaariges Männchen erschien und uns aus seinem Rollstuhl neckisch zuzwinkerte. Zu verblüfft, um irgendetwas zu erwidern, nickten wir nur, und da machte sich das Brüderpaar auch schon wieder auf und davon, wohl um den Enkelinnen anderer Kleinmarper Seniorinnen das Headbangen beizubringen. »Na siehste, wir haben sogar Groupies!«, strahlte Katinka. »Ja, aber sie sind 80 und kommen aus Kleinmarpe!« »Großenmarpe! Wir kommen aus Großenmarpe!«, erklang es von draußen. »Tschuldigung!«, riefen wir wie aus einem Mund zurück. »Macht ja nichts, Mensch, ihr seid echt zu höflich, Mädchen!«

»Vielleicht hat er Recht?«, mutmaßte ich, als wir zum Hotel spazierten, und gab einem herumsitzenden Bettler zehn Euro. »Vielleicht sind wir einfach zu nett, um richtig berühmt zu werden?« »Ach was!«, wies Katinka barsch zurück und half einer Oma über die Straße. Danach schwiegen wir ein Weile. Als wir im Hotelzimmer angekommen waren und der Page *uns* verwirrt Trinkgeld geben wollte, weil wir nicht nur unser Gepäck, sondern auch ihn hochgetragen hatten, kam Katinka noch mal auf das Thema zurück. »Na ja, vielleicht hast du doch Recht, und wir sollten uns wirklich ein kleines bisschen rockermäßiger benehmen, damit man uns als Prominente auch ernst nimmt!«, sagte sie. »Du meinst, so richtig mit Hotelzimmer verwüsten und so? Aber ... aber ich bin so müde!«, sagte ich kläglich. »Aber wir würden es für die Ehre tun!« Ich dachte kurz nach. »Okay, aber du fängst an.

Mit dem Fernseher!« Katinka sah mich gequält an. »Aber das ist Großbildformat, den krieg ich doch gar nicht hoch!« – »Na, dann tritt wenigstens dagegen!« Schüchtern stupste sie das Gerät mit dem Fuß an, nichts tat sich. Ob es den Sex Pistols auch mal so gegangen war? »Können wir nicht erst mal die Minibar leer trinken?«, bat Katinka. In der Bar befanden sich zwei Flaschen Saft, ein Wasser und ein Bier, alkoholfrei. »Na, das haben die bestimmt extra wegen uns gemacht, weil die Schiss haben, dass wir ihnen sonst besoffen das Hotelzimmer verwüsten!«, grinste ich. Aber die Lage war ernst. »Los, komm, wir holen Hilfe!«, schlug ich vor. Wir gingen über den Flur zum Nachbarzimmer. Immerhin klopften wir wirklich energisch, und es wurde auch sofort von einem Mann geöffnet. Einem Mann, den man bekommen würde, wenn man vor die Fleischtheke des Schöpfers treten und »ein Viertel Arnold Schwarzenegger« bestellen würde. Gleiches Gesicht, nur 50 Kilo dünner. »Ja, bitte?« – »Entschuldigung, könnten Sie uns vielleicht helfen, ein paar Möbel zu verrücken?«, strahlte Katinka ihn an. »Aber natürlich!«, erwiderte er so freundlich wie im Bibelkreis. »Moment, ich hole meinen Bruder zu Hilfe! Sven, kommst du bitte mal?« Hinter der Terminator-light-Version tauchte das Doppelte von Sylvester Stallone auf. »Das ist Sven! Und ich bin Arnd, aber ihr könnt mich Arnie nennen.« Ich hatte es ja geahnt. »Okay, dann alle Mann rüber!«, kommandierte ich. In unserem Zimmer angekommen, öffnete ich das Fenster. »Wenn Sie den Fernseher vielleicht hierhin ...?«, fragte ich. »Aber da ist der Empfang sehr schlecht«, widersprach Arnie, »und es ist sehr kippelig, der Fernseher könnte ...« – »Ganz genau!«, raunte Katinka ihm zu. »Aber meine Damen, das geht doch nicht!«, protestierte er. Ich trat zu Katinka. »Wir müssen es anders anfangen, wir müssen sie ... provozieren oder so, vielleicht ist wenigstens ne kleine Prügelei drin!«, zischte ich ihr zu. Sie stieg sofort ein. »Sie wollen ja nur nicht zugeben, dass sie nicht genug Muckis haben, Sie ... Arnd!«, schoss sie auf ihn los. »Aber meine Damen, das ist jetzt wirklich ein bisschen unverschämt!«, empörte sich Arnie. Ich trat neben Sven und versuchte ihn zu schubsen. Aber er stand da wie ein

Baum und benahm sich auch so. Dumpf schaute er mich an. Ich wollte ihn ein wenig animieren, schubste also Katinka, deutete dann auf ihn und sah ihn einladend an. Katinka sprang auffordernd auf die Couch und hopste. Ich schubste Sven noch einmal. Dann Arnie. Dann wieder Sven. Nichts tat sich. »Nicht provozieren lassen, Sven!«, sagte Arnie. Er wandte sich an uns. »Er hat große Fortschritte gemacht seit seinem Anti-Aggressions-Kurs!« Ich hörte auf, Sven zu schubsen. Großartig. In einem vollen Hotel in Kleinmarpe erwischten wir ausgerechnet Rocky 1–4 in der Gandhi-Version und seinen Bewährungshelfer. »Aber es geht doch um unsere Ehre, wir müssen doch beweisen, dass auch Geschichtenerzähler rocken!«, jammerte Katinka. Betroffen schauten Arnie und Sven uns an. »Mit den beiden Opas aus Kleinmarpe wär uns das bestimmt nicht passiert!«, nölte ich. »Großenmarpe! Wir kommen aus Großenmarpe!«, brüllte etwas durch die Tür, dann brach das Inferno los. Ich sah nur wehendes graues und weißes Haar, dann flog der Fernseher aus dem Fenster. Die Anlage wurde aufgedreht, und ich sah, wie Opa 1 mit Arnie und Opa 2 mit Sven eingehakt zu dem in voller Lautstärke aufgedrehten Landfunk Polka tanzten bzw. rollten. Die ersten Zimmermädchen erschienen in der Szenerie. »Jawoll, Frauen!«, juchzte Opa 1. Dann bekam ich einen Schlag auf den Kopf, und mir wurde schwarz vor Augen.

Als ich wieder zu mir kam, saß ich im Zug. Auf meinen Knien lag ein mit AC/DC- und Motörhead-Aufklebern übersäter Spazierstock und an meiner Schulter Katinka. »Opa 1 hat aus Freude über die Zimmermädchen das alkoholfreie Bier auf deinen Kopf fallen lassen!«, erklärte sie mir. Dann zeigte sie mir stolz die Zeitung. »Chaos-Opas schlagen wieder zu: Wilde Prügelei mit Poetry Slammern«, war als Schlagzeile auf dem Titelblatt des Kleinmarper Express zu lesen. Darunter ein Bild, wie die beiden von zwei Polizisten aus dem Hotel geführt bzw. gerollt wurden. Beide sahen sehr zufrieden aus. Unsere Namen waren falsch geschrieben, aber wir wurden öffentlichkeitswirksam erwähnt. Ich, weil ich rockstar-like zusammengebrochen war, und Katinka, weil sie sich beim Aufräumen der Scherben ein paar Schnittwunden zugezogen hatte, die aber einem wilden Kampf zugeordnet wurden. Wir waren begeistert. An dem Spazierstock klebte ein Zettel, auf den in zittriger Altmännerschrift ein Victoryzeichen gemalt war. Darunter stand: »Ein guter Anfang, ihr wart unbeteiligt, aber saht gut aus dabei. Sorry für das K.o., keep on rocking!« Ich lehnte mich erleichtert zurück. Zum Glück glaubt das Volk ja immer alles, was in der Zeitung steht.

4. Glück

Martin Schmidt
strategien III

dies sind meine ersten schritte von mir selbst weg zu mir selbst
hin.

ich schreibe von sicherem boden aus.

und draußen:

ein mehr an bedeutung: chiffre und bote, vor horizunder-
        flammen, guitar-riffing, rocking-boats
und wasserauchimmer: wasser & rauch ist smoke on the water
        und je heißer ich loder'
– und schlimmer: je horizontaler, horrorzentraler ich hier
        treibe als toter, –
desto meer und wasser, rauch und schimmer
bin ich mir, meer, mehr selber grenze, schwimmer,

und ich loder
und sprech' mich heiser, oder
kränz' mich, borderline, ein und heiße oder neiße oder grenze
meine sprache dehnt meinen deutschrand deutschrand über
        alles
10 jahre rannte meine matschhand über phallus
das ist doch metapher genug

ich reibe von sicherem hoden aus

i've been a teen, i've been more teen, i have become marteen
the needle and the teenage done
adult & dulled, my ex-style goes x-file for scully and mulder
(– soldaten und scully sind mulder: –)
marteen-morphine, I have been the akne mix
die Ich-Feile: get your kicks on a rude '76
fuck the Ichs 'n' act like dicks

ich, arschloch, werde, wurde, leiser: ich bin anal-yzer,
ich bin coke in the water, und sprech' mich heiser,
oder

ich bin, joke in the water, schwimmend, schwindend, binnend,
                               in bingewässern, bininländern,
in pin-up-kalendern. In beam-me-up- und drin & ab-kalendern
finden lenden bin & leiden bann und *Pin A Zwo,* wrong erection,
                                        go!, direction ändern

beam me up, scatology; ich will wieder sein
sein-tology, flammenhorizunder-firestarter, prodigy
ich bin seiend, i am be-end, i'm ambient, i am the end

zwischen meinem bin und deinem bist, bist du, bistümer, reiner
                                     wie maria, katholisch on demand
rilke bischoff: bullet in your head und du pappst mit deinem
                                     hirn an der wand
rage against daß ich matschbin
ich bin stardust-bin
heaven, give me a sein
original sinn
egolysergolegosäure
mutterkorn und kimme, i am aim i am what i aim: decline
i'm born and bored and borderline

das ist, worauf ich gedicht lege

blut und entweder ader
und smoke on the oder
in this steam of consciousness
and, fire in disguise

dies sind meine ersten schritte von mir selbst weg zu mir selbst
                                                                         hin,

hinein, ganz leis, in diese mitte, wo in aller welt
ich im zerfalle dich gewinne
im falle eines falles, fallsequenzen,
alles, alles steht und fällt
an allen diesen, meinen stellen, grenzen,
wo ich neu als nichts beginne
an allen meinen enden
wo ich nicht bin, ich aufhör und zerinne
zwischen meinen händen
bist du.

Alex Dreppeç
Im Schatten

Du bist mein lebendiger,
Vielhändiger Traum,
lebst ein zweites Leben
in meinen Gedanken,
sammelst Tannenzapfen
auf dem Schleichweg meiner Träume.
Die Nacht ist der Erde eigener Schatten,
der zwischen uns und der Sonne steht.

Genug gelaufen
auf lauten Sohlen

über's Heftigpflaster
der benachbarten Stadt,
jetzt bin ich Zunder
wenn du Zündholz bist.
Die Nacht ist der Erde eigener Schatten
der zwischen uns und der Sonne steht.

Alex Dreppeç
Freifahrt aushalten

Lies Leviathan
die Leviten nicht leise,
bau dann ein Mahnmal
für die Manie –
denn Blutkörper bin ich und
zwar von mir selbst
und dein neuer und einziger
Ureinwohner.
Marie u. Anna,
aus Samen geboren,
Marie u. Anna,
bring' Samen hervor:
nimm das »Nie« aus OrgaNiesmus mit
Engelszungen
und Sisyphos selbst
rollt jauchzend zu Tal.

Ursula Schötzig
Und oben blau

Grashalmbefleckte
Augenblicke unterm Wasserbaum
Erde über und unter

Du, der du da liegst
zerrissen zerfetzt im
Maikäferjuni
Wölkchen in höflichem Umgangston
grüßen und
ziehen weiter.
Du den Weg noch mal
für drei Groschen
zwei Kugeln
Wetter mit Sahne
mit der Zunge kleben geblieben
Kinderlachen verschluckt
kitzeln Worte noch im Hals
süßlich
sags noch mal

fragen, wann es dunkel wird
fragen, wer den letzten Apfel isst,
fragen, ob du glücklich bist.

5. Unglück

Maroula Blades
Cold Love

I'm running; I'm running to you,
Eyes tripping,
Spraying anger, red raw.
Cold love sits on my tongue.
Pearls run down your face,
You clamp thin lips,
But can't help licking love's trace.
Dawn's pink stain is on your tooth,
Tell-tale signs sting like hornets.

I practice voodoo now.
I can turn a hairclip into a pike fish,
Train it to feast in your red waters.
It will stitch the root as you grow.
In your sleep you will find me,
A hatchet for a head,
Razor blade arms,
Bowie knife legs.
I'm running; I'm coming for you,

Tread milling fusty, blurred dreams,
'til cruel blades are snapping.
Soon the cut, the slicing, and the fear.
Inwardly you scream.
It's a silent scream hooked by a squeal.

I'm running; I'm coming for you.
I've clogged my ears with wax,
No more hearing, pity falls on the spear.
Years unravel like an old onion,
Fragmented memories.
Cold love reeks.

Lydia Daher
Ich will nicht dein Eskapismus sein

ich will nicht dein eskapismus sein
kein kleiner kuss zum schein des freien seins und suchens
kein touch of love der leider trist und ledig bleiben muss
kein fein gesponnenes wintermärchen-mädchen
      mit nem drähtchen zum genuss
KEIN PIT STOP AUF DER FAST LINE DEINES PUNKROCKS.

ich will nicht dein eskapismus sein
kein slam dunk versuch nach tausend sicheren korblegern
keine aufgerissene wunde die du ab und zu mal leckst
      wenns einfach zu sehr juckt
keine plumpe freundinblende die auf pump präsent ist
      und die du sonst versteckst
WIE STELLST DU DIR DAS ÜBERHAUPT VOR, MANN?

ich bin kein wein der endlos weiter kellern will
ICH BIN JETZT GUT! NICHT IN 10 JAHREN!

ich will nicht dein eskapismus sein
kein masterplan der ins desaster führt
keine wenn-das-wörtchen-wenn-nicht-wäre-affäre
keine wackelige wendeltreppe ohne ende zu dir hin
kein brunnen deiner liebessteppe den du nur abcheckst

     wenn du nen fiesen brand hast
DAS IST DOCH WOHL' N WITZ.

ich will nicht dein eskapismus sein
kein madiges frage ohne antwort spiel
kein good mood sendemast für miese tage
keine knautsch-amazone ohne vertrauschein
kein restefresser deiner zärtlichkeiten
davon wird mir schlecht ---
davon krieg ich bauchschmerzen ---

ICH WILL VERDAMMT NOCH MAL
    NICHT *DIE* SEIN
DIE AM ENDE DOCH ZU VIEL IST.

Mirco Buchwitz

Wiederkehr des Ewig Gleichen
»strikes back again«

Hey, Prinzessin. Ich würd dir gern die Augen auskratzen. Vielleicht würde ich darüber meine Schlaflosigkeit vergessen. Deine Anwesenheit macht mich nicht weniger irre als deine Abwesenheit – nur, wärst du hier, könnte ich mich in Embryostellung zusammenrollen, an dich kuscheln und endlich Schlaf finden. Oder wenigstens aufspringen, um dir mit einem stumpfen Gegenstand das Gesicht zu zertrümmern. Beides wäre Erlösung. Ich habe eine Kassette für dich aufgenommen. 90 Minuten. Für diese Kassetten denke ich mir dann Titel aus wie »gone insane while waiting to die«. Deine heißt lediglich »drogendepression vs. fieberwahn«. Beide eignen sich nicht zum Autofahren – nicht, wenn man vorhat, den Bäumen auszuweichen. Ich weiß nicht, was es ist, das mich wach hält. Zwei durchfeierte Nächte voller Wodka Kirsch und Amphetaminen, die gegen 8 Uhr morgens nachgelegten E's, die

Medikamente gegen meine Sommergrippe, die Wechselwirkung des Ganzen mit der halben Diazepham. Oder die Gespräche mit diesen Frauen: eins voller Unschuld, eins ganz verloren, eins voller Tränen »verde que te quiero verde« – oder ob es lediglich der Wunsch ist, endlich herauszufinden, wie du schmeckst – im Mund und zwischen den Beinen. Irgendwann könnten wir unten auf der kleinen Landzunge sitzen, wo die beiden Flüsse zusammenfließen, die unsere Stadt durchziehen. Dann spiegelst du dich im Wasser des einen Flusses, und ich wäre rechtzeitig am Ursprung des anderen gewesen, um in das seichte Quellwasser zu lächeln. Und die Strömung hätte mein Lächeln durchs ganze Land getragen, um genau in diesem Moment hier vorbeizufließen, mit deinem zu verschwimmen, ins Meer hinausgetragen zu werden, um dann schlussendlich in abertausend Tropfen auf uns niederzugehen. Nackt und voller Narben. Doch lange nicht so viele Narben, wie wir auf dem Weg hierher hinterlassen haben, oder, Prinzessin? Nicht eine, die wir bereuen. Nichts, das wir ehrlich bedauern. Ebenso wenig, wie die Flamme das Holz bedauert – wie viel Pathos erträgst du? Wie die Flamme, die einfach nur frisst und zehrt und sich dem Himmel entgegenwirft, um für einen kurzen Moment der Selbstvergessenheit ganz Mutter Sonne selbst zu sein. Bevor sie voller Furcht vor ihren eignen Wünschen Schutz suchend gen Boden zuckt und sich verkriecht – ein neues Scheit. Das alte ist verkohlt. Nur die Sonne brennt weiter. Wie altbacken, hm? 8 Minuten braucht das Licht der Sonne auf unsere Netzhaut. In 8 Minuten kann ich über 900-mal deinen Namen flüstern, nur 500-mal, wenn ich dich dabei verfluche, und keine 100-mal, wenn ich ihn aus tiefster Lunge schreie. Bis es nicht mehr dein Name, sondern lediglich ein Schmerzenslaut ist – in meinen Unterarm geritzt. Kennst du meine Arme? Das könnten Flügel sein, wenn du es sagst. So hoch du auch willst. Es ist an dir, meine Lügen wahr zu machen. All die Herzen, die gebrochen werden mussten auf dem Weg hierher, aber mein Herz, dein Herz, irgendein Herz schlägt und schlägt sich durch und mal mit 180 bpm, mal genügen 70, sind sie nur hart genug. Hart wie meine Füße an deinen Schädel, meine Fäuste in dein Gesicht – ich weiß schon lange, dass ich auch Fäuste in meinen Händen habe. Seit ich diese Art Zeilen schreibe. Und auch diese werde ich hinten im Schrank bei all den anderen nie verschickten Briefen in meinem blauen Karton archivieren – randvoll mit Dingen, die ich vergessen will. Ich weiß genau, wo er steht. Keiner dieser Sätze ist exklusiv. Nur die Reihenfolge variiert, wie die Reihenfolge der Lieder auf den Kassetten. Diese Sätze kenne ich seit Jahren. Ich weiß nicht, ob es schon immer du gewesen bist, für die ich sie geschrieben habe, oder eine der anderen Frauen vor dir – ob sie noch kommt. Es spielt keine Rolle. Jetzt will ich nicht mehr als Schlaf, um mich in deine Träume zu wünschen. Die Ewigkeit, die wir bekommen werden, ist eine der einfachsten: Es wird für immer schön gewesen sein, sich nach dir verzehrt zu haben. Mit diesem Schmerz, der sich von innen nach außen frisst und keine Fragen stellt. Es sind diese Ewigkeiten, die ich sammle – wieder und wieder. Alle Erfahrung nur mehr eine aus dem fahrenden Wagen geworfene Kippe – das ausgedörrte Feld am Wegesrand. Aber keine Angst, es brennt nicht. Es schwelt nur. Ich will dich nicht. Ich will nur wissen, dass ich dich haben könnte. Denn wozu? Was tat Hillary, nachdem er den Everest bestiegen hatte? Ich wette, er hat dort oben in den Schnee gepisst, Prinzessin. Der Sonne so nah. Also dreh dich um und verschwinde, wenn du mich kommen siehst. Verschwinde mit deinen Augen. Ich habe Briefe zu schreiben.

Paula Posaune
> **»Mit freundlichen Grüßen« oder**
> **»Play it again, Sam« oder**
> **»Und mit einem Lächeln im Gesicht**
> **sagte er: Du hast nicht verloren,**
> **die anderen haben bloß gewonnen.«**

Glitzer dir den Weg in mein Herz und friss Scheiße auf dem
Weg zurück
Mein Herz macht gerade Inventur zurzeit musst du wissen
Und was nicht passt
Fliegt heute raus
Und ich lecke über dein Gesicht
Um zu testen wie viel Herzblut an dir noch so klebt
Und manche
Sachen
Orte
Menschen
Haben sich einfach kaputtgelebt
Da darf man nicht lange zögern
Da muss man die alten Rausschmeißerhits spielen!
Ich hab schon tausend Leben gelebt
Ich war Schatzgräber
Und habe bis auf den Grund
Von Flaschen nach Gold gesucht
Und manchmal habe ich Gold gefunden
Und manchmal eben nicht.
Ich war Bruchpilotin
Habe den Himmel zweimal im Fallen
Schon zerkratzt
Ich bin mit ein paar Schrammen davongekommen
Und meine Geiseln mussten bluten.
Ich hab die Anonymen Alkoholiker gerockt
Und war fast ein bisschen traurig
Als ich herausgeflogen bin.

Ich habe
Mit altbekannten Bettkanten-Geschichten
Meine Freunde tausendmal schon gelangweilt
Und oft war ich verklemmt
Wie ne Tür
Die sich mit Videothekmitgliedskarten
Nicht öffnen lassen will
Und meistens war ich nicht so gut
Und hab nur so getan als sei ich interessant.
Ich hab imposant
Imponiert
Und mich bis auf die Knochen blamiert
Alte Freunde seziert und auseinander genommen
Bis ich verschwommen
Gesehen habe
Wo der Fehler sitzt
Hab mich manchmal einfach nur genauso
Scheiße benommen
Wie die kleinen Rockstars
Dieser viel zu kleinen Stadt
Und habe viele Grüße ausgerichtet
Viele Grüße von denen die zwanzig beste Freunde haben.
Ich habe verdammt viele Schwänze eingezogen
Wenn man bedenkt dass ich gar keinen habe
Und manchmal auch einfach meinen Mann gestanden.
Heute schreib ich Briefe an die Vergangenheit
Und wenn ich weinen muss
Versuch ich immer öfter mich selber auszulachen –
Solltest du auch mal machen.
Mir ist Weniges nur zu billig
Und manche der Versuchungen
Denen ich erlegen bin
Waren auch nicht gerade teuer
Aber ich hab meinen Preis gezahlt
Und die alten Pferde die wir gestohlen haben –

Ich hab ihnen nicht ins Maul geschaut –
Hast du etwa?
Ist ja auch egal …
Mit der Moral
Hab ich es nicht so genau genommen
Denke ich so angenehm benommen
Während ich meine Vergangenheit
Durchblätter und sie noch mal von hinten nehme.
Und ich hab mir sagen lassen
Dass der Würgereiz dabei so normal ist
Wie die Angst vor dem großen Knall
Und die Ruhe vorm Sturm
Manches lässt sich nicht so ohne weiteres wegstecken
Wenn die Taschen schon so vor beglichenen Rechnungen platzen
Und ich wollte dir schon immer mal sagen
Dass ich es hasse
Dass du immer auf das Außenseiterpferd wettest
Weil du es nur machst
Weil du auch eins von ihnen bist
Und eigentlich habe ich dich noch nie durchs Ziel gehen
                                           gesehen.
Kurz bevor ich fast schon durch bin
Sehe ich dich noch mit mir in der Sonne sitzen
Ich sehe unsere Augen blitzen und unsere Liebe noch so richtig
                                           knallen
Zum Fallen gebracht hast du mich! Weißt du das eigentlich?
Und ich liege immer noch am Boden
Es ist nicht so schlecht und kitschig erbärmlich wie es klingt
Wenn du dich wirklich entscheiden solltest mich wegzu-
        schmeißen wie einen Kippenstummel dann
bummel ich eben mal wieder Richtung Ausgang
Und am Ende von allem
Schau ich Sam dabei zu wie er über seinem Klavier hängt
Und noch mal in die Tasten haut
Und im Hintergrund labert Bukowski

Noch was von »Play the piano drunk like a percussion instrument
                              until the fingers begin to bleed a bit«
und dann ist gut.

Boris Preckwitz
    honeymoon

was meinst du, deine gleichgültigkeit und mein zweifel
sollten mal bald das aufgebot bestellen.

in den flitterwochen scheuchte ich dich auf stiletti
das empire state hoch, würde dich mit amaryllis

füttern und mich besinnen wie deine beste freundin
mir bei gelegenheit verriet wie gut du schmeckst –

vom frühstücksbuffet kämst du als fünsches mädchen zurück,
dessen innere mutter mal wieder mit scheidung droht.

es gäbe keine rührenderen liebesschwüre
als unsere schuldvorwürfe, alles bliebe hübsch

in der familie, dein schweigen und meine vereisung
stellten den freunden das perfekte paar zur schau:

lass uns das überbleibsel glück versilbern, baby,
die pfandleiher schickten uns karten an jedem hochzeitstag

6. Wie die Tiere

Michel Abdollahi
Kohlsuppe im Treppenhaus

Schweißgebadet wachte ich wieder auf. Ich lag noch immer in der Sauna, inhalierte synthetische Robbe und trug meinen grauen Pelzmantel. Ich entschloß mich, einen kleinen Spaziergang zu machen, und verließ mein exotisches Iglu.

Es war kurz vor der Morgendämmerung, als ich in der Ferne eine Gruppe dunkler Gestalten sah, die Schaschlik aßen. In einer gemütlichen Runde saßen sie zusammen, koksten und tranken kalten Raki. Es waren Schneemänner, moslemischen Glaubens. Einer angelte sich einen Döner, ein anderer warf sich gen Mekka nieder, und wieder ein anderer massierte seinem Exfreund die linke Wade. Er war bi.

Die Schneemänner waren aus purem Kokain. Ihre Augen waren kleine Opiumstücke, und der Mund war aus Bobel geformt. Ihre Nasen bestanden aus in LSD getränkten Möhren. Ich zog 'ne Line und begann zu tanzen. Ihr bestialisches Gegrunze ging mir auf die Nerven. Sie waren komisch.

Ihr Anführer war ein orthodoxer Christ aus Omsk. Er trug ein eng anliegendes Leopardentop und knabberte an seiner Nase, um high zu werden. Sein linkes Auge bröselte er in einen J', während er ein fieses Bisom schlachtete. Ich fühlte mich beschmutzt, ich fühlte mich unrein. Ich hatte einem der Schneemänner den oberen Schneidezahn geklaut. Gutes Bobel war hier schwer zu finden. Ich hatte Angst, sie würden mich vergewaltigen, also gab ich mich als hinduistischer Mönch Bhagwan aus. Sie glaubten es. Ich bestellte mir einen Wodka Martini und legte mich ins Bett. Der

J' schmeckte gut, ich holte mir auch den unteren Schneidezahn und rauchte auch jenen.

Langsam ging die Sonne auf, doch die Kälte war nicht mehr auszuhalten. Ein frommer Schneemuselmann rezitierte aus dem Koran, ein anderer spielte Tuba, und wieder ein anderer hatte eine intim-erotische Beziehung zu seinem Schaschlik aufgebaut. Ein Schneemann begann zu schmelzen. Das Koks floß nur so dahin. Schnell flüchteten sie in ihre dunkle Höhle und warteten auf die Wiedergeburt des Mondes. Ich ging mit ihnen, bestellte mir noch eine Gänseleberpastete und begleitete die Schneegestalten zu ihrem Versteck.

Nach sieben Tagen erreichten wir ihre Höhle. Es war ein kleiner Palast aus Eis, um nicht zu sagen, ein Eispalast. Ihr Anführer, der schwarze orthodoxe Christ aus Omsk, zeigte mir mein Zimmer, und wir spielten eine Runde Canasta, ich kaute auf seiner Nase rum, und er versuchte zu schummeln. Wir legten uns in den Pool und tauschten alte Rezepte aus. Er war leidenschaftlicher Sticker und zeigte mir seine Sammlung selbstgestickter Kokapflanzen. Er hieß *Jacques,* fühlte sich aber gefangen im falschen Körper. Seine Eltern waren gläubige Haschisten, sie beteten die heroinsüchtige Dogge Balthasar an, und so war Jacques schon früh mit den Drogen in Kontakt gekommen. Mit dreiundvierzig war er von zu Hause abgehauen, er suchte das Abenteuer, den Kick, doch Mamuschka und Papuschka fehlten ihm sehr. Seine unerotische Schwester Wilma hatte er auf dem Schwarzmarkt gegen einen Karpfen eingetauscht und war seitdem auf der Flucht, auf der Flucht vor sich selbst. Seine Transsexualität hatte er immer versucht zu unterdrücken, bis der große Zusammenbruch kam. Er stürzte sich mit siebzehn von einer Brücke in den Ganges und erschlug dabei mit seinem Körper einen alten Pilger. Doch eine Operation war teuer und gefährlich.

Jacques langweilte mich mit seinen Geschichten. Ich hörte ihm nicht gerne zu. Als die Gelegenheit am günstigsten war, ertränkte ich ihn im Pool. Seine Nase verkaufte ich, Augen und Zähne drehte ich in einen J'. Nun war ich es, der sich auf der Flucht befand.

Als ich versuchen wollte zu fliehen, entdeckte ich einen geheimen Keller. Langsam stieg ich die alten Steintreppen hinunter. Es war kalt und roch muffig. Die Dunkelheit machte mir angst. Ich entzündete eine Fackel und sah eine nasse und kalte Höhle vor mir, riesengroß und schmutzig. Eine rauchende Ratte lief mir über die Füße, mir war bange. Ich fragte sie nach dem Weg und versuchte, einen Zug zu erschnorren, aber sie durchschaute mich. Plötzlich war sie verschwunden.

Ich befand mich in einem unterirdischen Kanalsystem, reich verziert mit Wandmalereien und Marmorstatuen aus dem letzten Jahrhundert. Ich wartete an der Haltestelle auf eine Gondel und setzte mich hinein. Der Gondoliere war freundlich und führte mich herum. Ich bezahlte ihn und checkte in einem kleinen Motel am Rand des Kanals ein.

Der Portier war kalt, aber höflich. Ich ging rauf. Zimmer vierundzwanzig. Es war ein schäbiges Motel. Kakerlaken tummelten sich auf der Terrasse, und zwei illegal eingewanderte Bisamratten rauchten in der Badewanne Marihuana. Mein Bett war hart und ungemütlich. Ein Rohr war geplatzt, und nun hatte ich die stinkende braune Brühe auf meinem Bett. Ich inhalierte in LSD aufgelösten Süßstoff, um runterzukommen. Währenddessen kam eine graue Kuh, ohne zu fragen, in mein Zimmer und begann sich auszuziehen, während sie an meinem rechten Zeh knabberte. Ich dachte, mein Schwein pfeift. Ich ging mich beschweren. Im Fahrstuhl lag ein alter Mann, Mitte Achtzig, und rauchte Bong, während eine südamerikanische Tänzerin auf seiner Schulter saß und Gulasch machte. Ich entschied mich, die Treppe zu nehmen. Ein fataler Fehler. Es roch nach Kohlsuppe und ein russisches Rasseweib versperrte mir den Weg. Sie war dick, aber nicht schön. Ihr eng anliegendes Top erschwerte es einem zu erkennen, was Busen und was Bauch war. Ihre Achselhaare waren stark und fest. Sie waren klebrig und gefärbt. Schwarz, mit Strähnchen. Ich übergab mich auf ihren Rücken, es turnte sie an. Ihr Name war Martinova. Ihr Mann hatte sie mit zwölf verlassen und war mit ihrem Bruder nach Frankreich durchgebrannt. Sie trug keinen Slip, wozu auch.

Das Fett verdeckte ihre Blöße. Ich kehrte auf mein Zimmer zurück und schnüffelte weiter Süßstoff.

Die Kuh hatte ein Techtelmechtel mit einer der illegal eingereisten Bisamratten angefangen, und jetzt rauchten sie zur dritt Bong in meiner Badewanne. Ich ging auf den Balkon und legte meine Beine auf die Couch. Martinova war mir gefolgt. Sie hatte sich umgezogen und trug jetzt ein seidenes Nachthemd, weiß, unerotisch. Sie kam *auf dem Balkon.* Es war eklig, einer fettleibigen Frau bei sexuellen Praktiken zuzuschauen, aber was hatte ich denn für eine Wahl.

Es war gegen sechs, als mein Wecker klingelte. Die Kuh saß noch immer bekifft in meiner Badewanne und aß meine Designerpelzmütze aus dem Hause Dior. Ich zog mich an und machte mich frisch. Im Fahrstuhl saß noch immer der alte Mann und aß Gulasch, während Martinova auf dem Balkon Schnupftabak schnupfte.

Ich ging hinunter, um zu frühstücken. Erst jetzt wurde mir die Schäbigkeit dieses Motels in seiner Gesamtheit bewußt. Hinter der Rezeption hauste ein Affe und verkaufte Bildbände über Mongolien. Der Frühstücksraum hingegen war gewaltig, monumental, majestätisch. Fünfzehntausend, vielleicht auch ein paar mehr, standen am Buffet. Ich nahm mir einen Kaffee und setzte mich hin. Die Tische waren alt und rochen nach Holunder. Eine ältere Dame saß mir gegenüber und aß eine Orange. Wir kamen ins Gespräch. Mit fünfzehn war ihr erster Mann gestorben. Heute war sie siebenfache Witwe. Sie wohnte seit vier Monaten in diesem Motel. Wie ich von ihr erfuhr, war die Kuh nur die Putzfrau *Babette.* Ich war beruhigt. Die alte Frau kam mir sonderbar vor. Sie rauchte an einer alten Pfeife rum und zwinkerte mir gelegentlich zu. Plötzlich begann sie mit mir zu füßeln und dabei zu kichern. Es ekelte mich an. Ich aß einige Cocktailwürstchen und ging auf mein Zimmer zurück. Ein Zettel lag im Waschbecken: Die Kuh war mit Martinova im Pool. Ich packte meine Badesachen und ging ebenfalls schwimmen. Das Schwimmbad war exotisch-orthodox. Eine Welt aus Meer und Lianen. Ich nahm eine Schlammpackung und vertrieb mir die Zeit in der Sauna. Babette und Martinova waren auch da und unterhielten sich mit der Mutter der Weisheit über Brokkoli. Ich aß berauschende Kräuter und legte mich in den Pool. Ich schlief ein.

Als ich erwachte, versuchte mich die alte Frau zu vergewaltigen. Ich fühlte mich beschmutzt, ich fühlte mich befleckt, ich fühlte mich mißbraucht. Um mich zu beruhigen, nahm ich einen Schluck Wodka und versackte in der Hotelbar bei einem Glas Rotwein. Ich fühlte mich kodderich. Ohne zu zahlen, verließ ich das Motel, band mir meine Bauchtasche um, setzte mich in eine Gondel und fuhr weg, weit weg, in eine andere Welt.

Simon Libsig
Ich will

Ich will auf deinen hellen, weichen Stellen Weichen stellen, ellenlange Wellen-Zeichen zeichnen will ich, bis sich die bleichen Härchen deines märchenhaften nackten Nackens aufrichten. Ich will Geschichten auf deinen Rücken schreiben, dich beglücken und entzückt dich Stück für Stück aus deinen Seiden-Kleidern kleiden – mit den Zähnen. Ich will mit meinen Strähnen Tränen aus dir rauskitzeln, witzeln will ich, lachen, ich will mit meiner flachen Hand gewandt dich an den Strand der Lust entführen, dich verführen, berühren will ich, ich will spüren, wie durch meine zarten, delikaten Taten dein Atem in Raten immer schneller wird, hören, wie er immer höher, heller, greller wird – ich will dich nackt seh'n, mit dir im Takt geh'n, für einen Liebesfilm mit dir den ersten Akt dreh'n – lass dich geh'n! Ich will auf deinen beiden Beinen leidenschaftlich weiden, wie ein Tier will ich dich schier verschlingen, ringen will ich, balgen, mich wie Algen um dich schlingen, ich will singen, wenn du vor mir liegst, dich an mich schmiegst, dich vor Verlangen streckst und biegst wie lange Schlangen, deine Wangen will ich blüh'n, wie'n Höhenfeuer glüh'n, sprüh'n sehen, ich will versteh'n, warum du mich so anziehst immer dann, wenn du mich ansiehst, ich will, dass du genießt, zergehst, zerfließt und flehst, dass du mein Küssen nie mehr musst vermissen müssen, ich will's nicht missen, dich mit kissenweichen Bissen zu begehren, zu verzehren, meinen schweren Körper will ich auf dich legen, dich bedecken will ich, so wie Regen ganze Hecken, und bewegen will ich mich, bewegen, bis wir schweben, und dann – will ich endlich loslegen.

Bud Rose
Frauengerechter Pornofilm

In Bezug auf Spiegel-Artikel vom 19/04/03: Corinna Rückert/
Liberalisierung der Pornographie-Gesetze.

Ja, da könnte man dann so einen hintergründigen, augenzwinkernden Titel, wie z. B. »Die beste Freundin« oder: »Nachbarschaftshilfe« nehmen. Oder auch »Sommerträume«.

Also, das beginnt dann so mit total cooler Musik, und dann sieht man ein Haus in einem besseren Wohnviertel, der Garten ein wenig verwildert, also schon ... wo man merkt, die sind locker drauf, die da wohnen, und draußen bastelt der Sohn, der muß dann so 19 sein ... ungefähr ... der sieht gut aus ... mit so einem Haarschnitt wie ... Boris Becker ... bei dem alles so nach oben steht ... aber der hat mehr Grips als Boris Becker, und der bastelt an seiner Enduro, und es ist später Nachmittag im Sommer ... und durch die Gartenpforte kommt eine Frau so um die 45 und total attraktiv und selbstbewußt und gepflegt, aber in Jeans und T-Shirt ... und das ist die Nachbarin ... die kennt den Jungen schon als er noch ganz klein war ... und die Eltern duzen sich ... jetzt nicht *seine* ... klar, die auch ... natürlich, aber die Nachbarin hat auch zwei Kinder, etwas jünger als der Sohn der Nachbarin, die gehen auf die gleiche Schule, und das wird jetzt zu kompliziert für einen Porno, auch wenn es ein Frauenporno ist ... jedenfalls geht die Nachbarin jetzt den kleinen Weg zum Haus hin, und der Sohn ... der heißt Michel ... beschäftigt sich gerade mit einem Verteilerfinger und pustet da so drauf oder rein oder was weiß ich, ich bin kein Mechaniker, und das sieht total lässig aus: er in so abgeschnittenen Baggy-Pants und der Oberkörper nackt und braungebrannt, und sie hat irgendwie keinen Zucker mehr im Haus und will aber einen Kuchen backen, und jetzt sieht man ihren Blick, der sagt: Das mit dem Kuchen hat eigentlich Zeit ... und Michel sieht sie und grüßt höflich, schüchtern: »Hello, Mrs. Robinson« ... quatsch ... »Hallo, Frau Steil«, und sie sagt mit so einem süffisanten Grinsen: »Na, Michel, ist deine Mutter da?« Und Michel sagt: »*Nein, die ist beim Salsa-Kurs.*« Und sie sagt: »*Ich brauche Zucker für meinen Kuchen; könntest du mal nachsehen, ob ihr welchen im Haus habt?*« »Ja, klar«, sagt Michel und geht ins Haus, und sie geht hinterher. Und dann sieht man sie beide in der Küche, wie Michel im Küchenschrank ... so ein geschmackvoller alter Bauernschrank ... nach dem Zucker sucht und sich nach unten beugt, und sein strammer Hintern entlockt der Nachbarin ein Lippenlecken, das sieht aber der Junge nicht, das sehen nur wir, und dann muß sich der Bengel nach dem oberen Regal strecken, und da fragt sie ihn dann, wann seine Mutter wohl zurückkommt, und er sagt, vielleicht in zwei Stunden oder so, und sie fragt ihn dann, wie's so läuft und was für Musik er toll findet und ob er ihr nicht mal seine Lieblings-CD vorspielen könnte, und er, weil er ein höflicher junger Mann ist, holt die CD aus seinem Zimmer und legt sie im Wohnzimmer in die Stereoanlage ... Sarah-Connor-Niveau ... aber instrumental und GEMA-frei, Pornomusik ist immer GEMA-frei, während der Wind die weißen Vorhänge an der Terrassentür aufbauscht ... und die Musik ... plätschert dann so dahin ... und sie läßt sich auf das Sofa fließen und fährt sich mit der Hand so ... über die Stirn und durch die Haare und stöhnt leicht auf und sagt mit ihrer tiefen Stimme: »*Mein Gott, ist mir heiß heute ...*«, aber er sagt nichts, sondern schaut nur unschuldig in ihre Augen ... und sie nimmt seine Hand und legt sie auf ihre ... Stirn und meint, daß sie überall so heiß sei, und er fragt, ob sie vielleicht Fieber hätte, und sie lacht und sagt: »*Fieber? Ha, ha, genau: Mösenfieber* ...«, aber nein, aber nein ... das ist viel zu ordinär, wenn sie so etwas sagt ... obwohl: Frauen unter sich sollen ja richtige Ferkel sein, oder *können* richtige ... egal ... weiß ich auch nicht, hab' ich nur mal gehört ... Michel jedenfalls bietet ihr an, ihr etwas zu trinken zu holen ... Apfelsaft oder so ... aber sie möchte lieber ein großes Glas Wodka, und dann steht sie auf und bedient sich an der Hausbar und fragt nach Eiswürfeln. Michel bringt ihr die Eiswürfel aus der Küche, und sie schmeißt sich zwei davon in ihren Wodka, und einen läßt sie unter ihrem T-Shirt verschwinden ... und dann nimmt sie ihn bei der Hand und zieht ihn mit sich in sein Zimmer, denn sie kennt sich ja gut aus ... hier ... und sie zieht die Vorhänge zu, und plötzlich sieht man alles nur noch total schemenhaft. Alles ist so in einer total grobkörnigen Kameraauflösung in Dunkelblau ... nun ja ... eben aufgelöst und nichts zu erkennen. Man hört das Abstreifen von Kleidung, wie das Gummi von einem Schlüpfer so schnappt und ein bißchen ... so leises Knacken von Gelenken und dann seine Stimme: »*Frau Steil ... ich weiß nicht* ...«, und dann ein »*Schhhhh. Hab keine Angst, Michel. Vertrau mir*« von ihr.

Alles ist jetzt dunkel und diffus, aber immer noch in Blau ... man glaubt, den Umriß ihres Kopfes zu sehen, aber ganz verschwommen, wie sie sich über irgend etwas Längliches beugt ... das könnte aber auch ein Bettpfosten sein ... es ist alles so grobkörnig ... so diffus ... und die Augen fangen langsam an weh zu tun ... er stöhnt irgendwie höflich, zurückhaltend, und sie kann im Augenblick wohl nicht sprechen und brummt nur so, schwer zu erkennen ... und dann hört man das Bettzeug rascheln, und das könnte jetzt mit viel Phantasie eine Hautfalte sein, aber wo die ist, läßt sich beim besten Willen nicht ausmachen ... vielleicht eine Achselhöhle ... oder eine Kniekehle, über die sich jetzt eine Silhouette senkt ... aber jetzt seufzt sie etwas lauter ... war wohl doch nicht die Achselhöhle, und jetzt wird so ein komischer Bildeffekt zugeschaltet, bei dem alles in Pastellfarben erscheint, aber trotzdem ganz schummerig, und sie keucht jetzt rhythmisch, aber man sieht nur grobe Flächen, die sich irgendwie hin und her bewegen, und das geht dann so zehn Minuten, und dann setzt wieder die coole Musik vom Anfang ein, und plötzlich sieht man Frau Steil mit einem Beutel Zucker in der Hand vor dem Haus stehen, und Michel bastelt wieder an seiner Enduro, und sie sagt: »*Danke, Michel. Ich bring dir ein Stück Kuchen rüber, wenn er fertig ist.*« Und dann geht sie weg und lächelt selig, und Michel wischt sich mit einem Lappen die Finger ab, und der Frauenporno ist zu Ende, und man weiß nicht, ob das jetzt nur ihre Vorstellung war oder seine oder meine oder eure oder nicht, aber das ist alles sowieso egal, weil jetzt eine total erotische Atmosphäre über allem liegt und keine Frau mehr Angst zu haben braucht, sich so einen Film auszuleihen.

Knud Wollenberger
Erfolg versprechend:
Junior Broker beim G.V.

Mit – dem einen Auge – der Blick – auf die rasierte Praktikantin
heiße Flunze, auf – das ergonomische Büromöbel gespreizt
was – für überwältigende Brüste, Beine, orrrr
was – für eine wohl geformte Rose sich aufblättert, schwarz, orrrr
wie süß, das andere Auge – auf den Bildschirmen
Singapore, Tokyo, New York
man kommt, ja, man kommt ja nicht umhin
die Stop Sell Orders, dieser Geruch
abstoßen, zurückhalten, go – Himmel
eine Hand streichelt sich in die Praktikantin hinein
was für eine wohl geformte Rose sich aufblättert, da
auf dem Mahagoni-Desk
was für eine coole, echte – Bewerbungsunterlage, orrrr
kaufen, verkaufen, jedenfalls, überwachen –
wer viel Geld hat, bekommt ja alles umsonst
verkaufen, kaufen, reinpumpen, rausholen, alles
durch verspiegelte, abhörsichere Glasscheiben hinunter

auf den unentwegt gleichmäßig fließenden Verkehr sehen
verkaufen, kaufen, Limits setzen
und wenn die rasierte Flunze im Taxi heimwärts rollt, nass
oder zur Party mit lachhaften lauten Studenten, was weiß ich
London, Frankfurt, der NEMAX, mit 22 hatte ich die erste Million
zusammen, und die Steuerfahndung war hinter mir her
kurz überschlagen, was die Stunde so gekostet hat
bilanzieren, was es bringt
sich von der Bewegung der Bildschirme
einen schönen, – zugegebenen, – Moment ablenken zu lassen,
                                                        orrrr
die Hose ordnen, das – braucht der Mensch, etwas Zuneigung
Streicheleinheiten, einen Kick, den man nicht kaufen kann
das T-Shirt überwerfen, die Nike-Turnschuhe
könnten glatt gestellt doch an die 10 000 Bugs sein, schade
                                                       eigentlich
hätte ich einige Dates mit Lila Lutscher, – geknickt, das
jetzt, auf einen Drink noch, die Verabredung im Irish Pub
spät dran, gut, richtige, wirkliche Freunde zu haben
und, der Tag war schon hart, Freunde
so was kommt krass, echt, what a night, cheers

Michael Helming
Monstertour d'amour

Was soll das ewige Mißtrauen? Woher kommen die Zweifel? Warum reagierst du nur immer gleich mit soviel Argwohn?
Mein Gewissen bombardierte mein Gefühl mit Fragen, als ich den Bus bestieg. Mein Gefühl sagte mir: Hier ist irgendwas faul. Und mein Gewissen antwortete prompt und trotzig: Setz dich auf deinen Arsch, und warte erst mal ab. Das tat ich dann auch, nachdem ich mein Handgepäck mit Schwung in die Ablage über meinem Kopf befördert hatte. Hier ist irgendwas faul.

Die Türen schlossen sich, und die Hydraulik des Gefährts ließ zischend Luft ab. Wir setzten uns in Fahrt. Bis zum letzten Platz war der Bus besetzt. In dieser Gesellschaft sollte ich also die nächste Zeit verbringen. Ich kippte die Lehne meines Sitzes zurück und wurde durchs Panoramafenster Zeuge, wie wir aus der Stadt rollten. Hier ist irgendwas faul.

Hinter mir hatte jemand gerülpst. In einer Lautstärke, die jedes Motorengeräusch übertönte. Überall grunzte, kratzte und johlte es. Einen Moment lang hatte ich das Gefühl, versehentlich im Fantransporter von Schalke eingecheckt zu haben. Doch es gab weder Fahnen, Wimpel oder Schals. Irritiert brachte ich meinen Sitz zurück in die Senkrechte. Hier ist irgendwas faul. Aber was?

Direkt hinter mir saß ein Wesen mit knorrigem Körper, völlig von blaugrauem Pelz überwuchert. Es hatte buschige gelbe Augenbrauen und sah damit aus wie ein mutierter Felsenpinguin, den man bis zum Hals in ein Tintenfaß getaucht hatte. Ein paar Reihen dahinter fläzte sich ein riesiger, giftgrüner Fettberg mit glänzender Haut in seinen Sitz. Er trug nichts als Boxershorts. Eine um die Lenden und eine auf dem Kopf. Er schaute träge blinzelnd in die Sonne.

Keine Frage. Der Bus war bis zum letzten Platz gefüllt mit Monstern. Es gab sie in allen Variationen: mit und ohne Hörner. Schuppig und pelzig. Struppig und flauschig. Es waren Monster darunter, wie man sie als Kind unter seinem Bett vermutet, und solche, die so wundersam aussahen, daß kein Mensch je über sie irgendeine Vermutung angestellt hätte.

Einige sahen wie Tiere aus, andere wirkten ein wenig menschlich. Der Typ mit den schiefen Zähnen und dem flachen Kopf hatte was von einem Neandertaler. Nur hatten Neandertaler keine so langen und wendigen Schwänze wie diesen, der entspannt vom Sitz in den Gang hinabhing und hier und da ein wenig wedelte.

Ich blieb auf meinem Arsch sitzen und wartete erst mal ab. Ein paar Monster spielten Karten und gerieten dabei in Streit. Sie grunzten und brüllten einander an, bespuckten sich gegenseitig und drückten einander die Kehlen zu, bis sie nach einer Weile röchelnd in die Sitze sanken, entspannt die Karten zerrissen und sich die Fetzen gegenseitig in die übergroßen Nasenlöcher stopften. Dabei fingen sie zunächst an, leise zu glucksen und zu gnickern, schließlich lachten sie wie die Hyänen und fielen einander versöhnlich in die Arme.

Erst jetzt bemerkte ich, daß auf dem Sitz neben mir eine wahre Monsterbraut Platz genommen hatte. Lippen, so voll und dick wie meine Unterarme. Tiefschwarze Kulleraugen und Ohren wie schiefwinklige Dreiecke. Fest und knorpelig standen sie von ihrem Kopf ab, und dazwischen ragten zwei winzige rosa Hörner aus ihrem Schädel. Sie trug ein hautenges Kleid, einen Lagerfeldschen Albtraum in tiefviolett. Sie roch ranzig. Ich rieche auch manchmal ranzig. Wenn ich beispielsweise nach zwei durchzechten Tagen und Nächten unter die Dusche steige und mich dazu entkleide, dann kleben die Socken an meinen Füßen, und ich rieche ranzig. Ich kann süße Parfums an Frauen nicht leiden. Sie stoßen mich geradezu ab. Doch diese Holde roch angenehm ranzig. Ihr Kleid verfügte über ein geradezu offenherziges Dekolleté, aus dem ihre dicht behaarten Brüste wuchtig herausquollen.

Sie sagte, ihr Name sei Madeleine, und dabei stand für einen Moment ihr Mund offen, so daß ich ihre lange gespaltene Zunge sehen konnte, die locker über die unteren Schneidezähne ragte. Ich sagte nur, daß ich mal kurz an meine Tasche müsse und ob sie mich vielleicht mal eben vorbeilassen könne, und ich dachte an ihre Lippen und an meine Tasche und daran, vorbeigelassen zu werden. Bitte, fügte ich hinzu. Doch sie blieb mit übereinander, geschlagenen Beinen sitzen und griff locker mit ihrem behaarten Arm in die Gepäckablage über uns und reichte mir meinen Beutel.

Ich sagte ihr, daß sie aber sehr gelenkig sei. Ein Kompliment, das sie zum Lächeln brachte, so daß ihre Eckzähne über die Lippen ragten wie die Hauer eines Keilers. Ihre Arme waren mindestens so lang wie ihr gesamter Körper, und sie erzählte, daß sie sich damit an jeder Stelle ihres Körpers kratzen könne, ohne sich dabei zu verrenken. Ich hauchte ihr ein *Bewundernswert* entgegen, kramte in meiner Tasche, fand ein Buch und begann zu lesen. Konzentrieren konnte ich mich dabei jedoch nicht. Denn Madeleine spielte mit ihrer überlangen Zunge an ihrer Nasenspitze herum.

Die anderen Monster veranstalteten inzwischen ein Tarantelwettrennen im Mittelgang des Busses. Sie feuerten ihre Schützlinge an, die da über den Boden krabbelten, und schlossen Wetten auf Platz und Sieg ab. Als Einsatz dienten ihnen Schrumpfköpfe und Krähenkadaver. Verlierer wurden von ihren Besitzern gnadenlos zertreten. Den Siegerspinnen wurden alle acht Beine geküßt.

Mir wurde bei diesem Schauspiel ein wenig flau in der Magengegend, und ich bat Madeleine abermals, mich vorbeizulassen. Sie fuchtelte mit ihren langen Armen und fragte, ob sie mir etwas reichen könne. Ich antwortete nur leise, daß ich mal wohin müsse, wo sie mir nichts reichen könne. Sie machte mir Platz, indem sie ihre Beine spreizte, wodurch ihr Kleid auf halber Länge einriß. Ich schlängelte mich an ihr vorbei, war bemüht, im Gang auf keine Tarantel zu treten, und kämpfte mich zur Toilette durch.

Chemieklos in Fünf-Sterne-Reisebussen sind der Inbegriff vollklimatisierten Ekels. Unter meinem Hintern brodelten undefinierbare Säuren oder Laugen. Dennoch erleichtert, kehrte ich an meinen Platz zurück und stellte fest, daß es mit der Zeit Mittag geworden war.

Überall schmatzte, rülpste und furzte es. Hier wurden gewaltige Pythonschlangen ausgesaugt, dort trieb ein Wesen sein messerscharfes Gebiß in ein Ferkel, so daß es noch einmal anhaltend quiekte, bevor es zerfleischt wurde. Man warf sich ganze Kaninchen in die breiten Schlunde oder mampfte Schaben und andere Krabbeltiere aus der Tüte. Auch Madeleine hatte sich etwas Eßbares auf den Schoß gelegt, als ich mich wieder an ihr vorbei auf meinen Platz zwängte.

Kaum saß ich, schon wühlte auch ich irritiert in meiner Tasche herum, nahm aber nichts heraus.

Niemand sei an meiner Tasche gewesen, konnte Madeleine mir versichern, und ausgesprochen glaubhaft fügte sie hinzu, daß sie doch in so einem Fall sofort gebissen hätte. Ihre Hauer ragten mir dabei weit entgegen. Natürlich hätte sie gebissen. Madeleine konnte beißen, wie andere Frauen höchstens pfeifen können.

Madeleine hatte offensichtlich Kohldampf, denn sie packte ihr Essen aus und hielt es fest. Das war auch nötig, denn es zappelte und wehrte sich heftig. Madeleine hatte ein lebendiges Lämmchen zum Vesper, und anstatt es gleich zu töten, riß sie ihm erst einmal ein Hinterbein aus und biß genußvoll hinein. Das Lämmchen mähte kläglich. Sogleich riß sie ihm ein zweites Hinterbein aus, hatte dabei die erste Keule noch im Mund, und anstatt die zweite gleich gierig hinterherzuschlingen, legte sie diese in meine Hand.

Es war ein Leckerbissen. Warmes Fleisch. Voller Blut.
Es hatte noch Mutterwärme.

Das Lämmchen mähte immer noch, als wir alle vier Beine verspeist hatten. Erst als Madeleine ihm den Kopf abbiß, war Ruhe. Sie schmatzte, lutschte und spuckte den fleischlosen Schafsschädel in den Gang. Ich mag Frauen mit Hirn. Madeleine war ein Bild von einer Bestie. Sie hatte Charakter. Das ist bei Menschenweibchen selten zu finden. Finde ich manchmal.

Sie teilte Nieren und Lungen mit mir. Alle paarigen Organe. Am Ende nagten wir zusammen an einem rohen Lämmerdarm. Von beiden Seiten fraßen wir uns aufeinander zu, wobei wir einander in die Augen sahen.

Im ganzen Bus hatte das kulinarische Massaker Blutflecken hinterlassen. Die Monster fraßen, bis ihre Lunchboxen leer waren. Einige von ihnen hatten jedoch noch Hunger, und in dieser Verlegenheit aßen sie zunächst ihre Renntaranteln, dann die Schonbezüge der Nackenstützen.

Ich selbst war glücklich und sogar beinahe satt. Mein Gewissen hatte seine ewige Fragerei eingestellt. Nichts war mehr faul, und in meinem Kopf herrschte himmelblaue Ruhe.

Liebe ist, wenn das Gefühl dem Gewissen den Mund verbieten kann, weil es vertraut.

Noch ein paar Stunden bis Paris, dachte ich und öffnete meine Vesperdose. Ich hatte ein lebendiges Perserkätzchen dabei. Ich riß es in der Mitte durch und gab Madeleine die Hälfte. Sie bekam den Schwanz und ich den Kopf. Wir kauten ausgiebig und mit Genuß.

Später verdauten wir gemeinsam. Madeleine sagte, sie hätte vier Mägen. Um die Wette würgten wir durch unsere Kehlen festes Gewölle aus zermahlenen Knochen und Katzenfell, spien es im hohen Bogen in den Aschenbecher. Dabei lachten wir pausenlos und aus tiefstem Herzen.

Wir hatten noch viel Spaß. Madeleine und ich in Paris.
Wir liebten uns wie die Tiere.

Katinka Buddenkotte
Nur kuscheln

Metzgers Kinder sind oft Vegetarier, Zahnarztkinder leiden unter Mundfäule, und die Kinder der 68er wandern nach Bayern aus, um die CSU wählen zu können. Die nächste Generation wird sich immer auflehnen gegen die Ideale ihrer Eltern, und zu Recht. Denn nur die Betroffenen können sich vorstellen, was es heißt, in einem Extremistenhaushalt aufgewachsen zu sein, in dem man jeden Morgen mit Mettbrötchen, Zahnpflege-Faschismus oder dem Brummen der Getreidemühle geweckt wurde. Da muß man einfach anders werden.

Meine Mutter arbeitet bei meinem Frauenarzt.

Mit fünf Jahren wurde ich zum ersten Mal aufgeklärt. Meine Mutter hatte ein pädagogisch wertvolles Büchlein erstanden, in dem »mit vielen lustigen Zeichnungen einfühlsam in die Welt der Sexualität eingeführt« wurde. Kann sein. Unglücklicherweise konnte ich noch nicht lesen und war so auf die Erläuterungen meiner Schwester angewiesen. Sie blätterte in dem Buch, fand schließlich die Zeichnung, auf der die Comic-Frau mit verliebtem Augenaufschlag unter dem Comic-Mann lag, und sagte lapidar: »So bist du entstanden.« Skeptisch schaute ich mir das Bild an und meinte dann: »Du vielleicht, ich doch nicht!«

In dem Alter, in dem ich anfing, mich »für Jungs zu interessieren«, tat meine Mutter alles, damit dieses Interesse schnell abflaute. Sie hat einfach nie verstanden, daß Sexualität nicht sexy ist. Beim Frühstück wurde über Vor- und Nachteile verschiedener Verhütungsmethoden doziert, unvergessen blieb vor allem, wie meine Mutter mit einer Ravioli und einer Weinflasche das Einführen eines Diaphragmas demonstrierte.

Ich hegte lange Zeit den Wunsch, Nonne zu werden. Das bot sich schon aus dem Grunde an, weil alle meine männlichen Bekanntschaften sich für ein Mönchsdasein entschieden, nachdem sie bei einem Besuch in meinem Elternhaus die Diashow der Geschlechtskrankheiten mit ansehen durften. Meine Entjungferung fand nicht ohne Grund 20 000 Kilometer weit von meinem Heimatort entfernt statt. Denn nur so hatte ich die Sicherheit, daß meine Mutter nicht ins Zimmer spazieren und uns persönlich beim Anlegen des Gummis behilflich sein würde.

Bei allen guten Absichten, die meine Mutter mit ihrer Kampagne hegte, erreichte sie natürlich das Gegenteil. Meine Schwester und ich wurden nie zu dem Typ Frau, der sich offen über etwaige Beschwerden im unteren Bereich äußern konnte oder sich gar auf einen Besuch bei ihrem Frauenarzt freute. Zwar hatten wir uns verbeten, daß unsere Mutter mit ins Sprechzimmer kommt, aber natürlich las sie unsere Karteikarten und sah unsere Laborberichte. So kam es oft zu Verquickungen der persönlichen Art, die eine ärztliche Schweigepflicht ungefähr so sinnvoll machten wie einen Porno für Blinde. Meine Mutter fragte mich beispielsweise: »Ich dachte, mit Ralf sei Schluß?« – »Ja, und?« – »Wer schwimmt denn dann in deinem Abstrich rum?« Meine Mutter kennt zwar jede ausgestorbene Pilzinfektion mit lateinischem Namen, aber Worte wie »Versöhnungssex« oder »Sportfick« finden sich nicht in ihrem Vokabular.

Ich dachte, diese peinlichen Erlebnisse würden für immer der Geschichte angehören, als ich in eine größere Stadt zog, in der meine Anonymität gewahrt würde. Eines Tages aber mußte ich feststellen, daß ich nicht für alle Mißgeschicke meines Lebens meine Eltern verantwortlich machen konnte – ich war endlich selbständig genug, um mich ganz allein in unsägliche Situationen zu bringen. Ich möchte an dieser Stelle nicht ins Detail gehen. Um es zaghaft auszudrücken, hatten mein neuer Freund und ich das alte Sprichwort »Liebe macht blind« bestätigt. Für unsere Heimwerkerfreunde: Die Schraube wurde nicht exakt da eingebohrt, wo Gott vorgedübelt hatte, sondern genau dazwischen.

Natürlich passierte das an einem Samstag. Der diensthabende Notarzt befand sich in der Innenstadt, genauer gesagt lag seine Praxis über einem exklusiven Herrenausstatter auf der Kö. Ich machte mich trotzdem auf den Weg, denn ich hatte wirklich, wirklich Schmerzen.

Ich mag ein Landei sein, aber die Einrichtung in dieser Arztpraxis war nicht nur etwas ausgefallen großstädtisch, sondern schlicht nicht normal.

Die Sprechstundenhilfe saß auf einem goldenen Thrönchen hinter einer Theke, die mit Überraschungseierfiguren überladen war. Sie begrüßte die Patientin vor mir mit Bussi links und rechts. Aus dem Augenwinkel sah ich, daß der Gang zum Sprechzimmer mit DIN-A2-großen Fotos tapeziert war, die verschiedene Größen aus dem Showgeschäft mit immer dem gleichen dicken kleinen Mann zeigten. »Was kann ich für Sie tun?« fragte mich das geliftete MTA-Busenwunder. »Ich, äh, hatte also ... Sex. Und ... ich ... ich ... kann schlecht sitzen.«

»Na, ich hoffe, es hat wenigstens bis dahin Spaß gemacht. Privat oder Kasse?« Ich füllte den Papierkram aus und begab mich ins Wartezimmer. Statt nach Babycreme roch es nach »Eternity«, die einzigen Zeitschriften, die es gab, waren die amerikanische »Cosmopolitan« und die »Gala«. Es gab keinen Wickelraum, dafür aber einen Espresso-Automaten. Ich fühlte mich nicht wirklich besser aufgehoben als in der Praxis meiner Mutter. Genaugenommen fühlte ich mich wie in der Garderobe einer zu Recht nie gezeigten Sitcom. Kann sein, daß die Autogrammkarten an den Wänden mit Widmungen an »Dr. Fantastisch« dazu beitrugen.

Dann hatte ich meinen Gastauftritt. Der kleine Mann von den Fotos stürmte ins Wartezimmer, begrüßte die anderen Damen mit Luftküßchen, dann deutete er in meine Richtung: »Sie sind das mit dem wilden Liebesleben? Ich bin so gespannt, kommen Sie, kommen Sie!«

»Gespannt« war gar kein Ausdruck für den Zustand, in dem ich mich befand. Dr. Fantastisch wirkte in natura noch gnomenhafter als auf den Fotos, ungefähr so breit wie hoch. Dabei war er äußerst quirlig in Gestik und Mimik. Sagen wir einfach, er war der Geist von Louis de Funès im Körper von Danny DeVito.

»Was ist denn genau passiert, hm?« Dr. Fantastisch war auf seinen Stuhl gesprungen, seine Beine erreichten nicht einmal den Boden. Insofern war er prädestiniert für seinen Beruf. Ich beschloß, das Unangenehme so schnell wie möglich hinter mich zu bringen: »Ich glaube, ich bin irgendwie ... eingerissen.« Dr. Fantastisch sprang blitzschnell wieder von seinem Stuhl herunter: »Oh nein, was, wie ist das denn passiert? Irgendwelche Geräte? Nein? Ihr Mann, zu gut ausgestattet, auch nicht? Wie lagen Sie denn, malen Sie es, malen Sie ...« Er zog ein Flipchart hervor und drückte mir einen Edding in die Hand. Ich stand reglos da. Ich hätte nie gedacht, daß ich den folgenden Satz jemals zu einem Gynäkologen sagen würde: »Wollen Sie es sich nicht einfach ansehen?« Dr. Fantastisch schüttelte energisch den Kopf. »Meine Liebe, ich bekämpfe Ursachen, nicht Symptome. Aber ich kann auch malen, geben Sie mir den Stift, und Sie beschreiben es.« Großartig. Ich spielte Montagsmaler mit einem hyperaktiven Medizintroll. »Ah, Sie standen. Beide. Ach so. Die Leidenschaft, ja, ja. Au. Au. Der muß hart gewesen sein.« Ich wollte nach Hause zu meiner Mama.

Doktor Fantastisch sah mich mit weit aufgerissenen Augen an: »Na, na, na, wer wird denn weinen? Wollen Sie ein Taschentuch? Oder einen Espresso?« Da an diesem Ort sowieso verkehrte Welt war, entschied ich mich für einen Espresso zur Beruhigung. »Was, äh, machen Sie denn beruflich?« fragte mich der Doc, während er sich Notizen machte. »Werbetexterin.« Doktor Fantastisch ließ seinen Mont-Blanc-Füller auf den Boden fallen. »Nein, wirklich. Das ist ja toll! Das ist ja prima! Ich habe auch mal einen Werbetext geschrieben, warten Sie!« Er wühlte in seinen Schubladen und fand schließlich eine einzelne Seite Schreibmaschinenpapier. Er stellte sich vor mich hin, als wolle er ein Gedicht vortragen: »Also, es ist eine Reklame für ein Shampoo, aber das werden Sie als Profi schon merken. Eine wunderschöne Frau geht auf einem langen, langen roten Teppich entlang. Sie ist ein Star, verstehen Sie? Und sie hat tolles Haar. Sie lächelt in die Kamera und sagt: ›Haare wie Hollywood. Mit dem neuen Soundso-Shampoo!‹ – na, und?« Ich starrte in meine Espressotasse: »Es hat was ... Großes!« Dr. Fantastisch freute sich wie irre, nie zuvor habe ich jemanden mit dem ganzen Körper kichern sehen: »Finden Sie, ja. Ich wäre gerne in die Werbung gegangen. Oder Schauspieler geworden. Aber mein Vater meinte, ich solle in seine Fußstapfen treten. Macht ja auch Freude. Was machen eigentlich Ihre Eltern?« Ich hole Luft: »Wissen Sie, ich könnte noch ewig mit Ihnen plaudern, aber, also, ich habe Schmerzen!« Doktor Fantastisch sah mich an, als hätte ich ihn gerade geweckt. »Ah, ja, die Verletzung, ganz vergessen. Dann setzen Sie sich doch mal auf den Stuhl, aber vorsichtig, da ist frisch gefliest.«

Warum blieb mir nichts erspart? Der Boden um den blöden Stuhl war sehr frisch gefliest. Die erste Fliese, auf die ich trat, rutschte glatt aus den Fugen. Doktor Fantastisch kratzte sich am Kopf: »Wissen Sie, die letzte Patientin habe ich so ... dahin geworfen, aber die war auch ein ganzes Stück kleiner als Sie. Sie müssen springen. Schaffen Sie das?« »Wenn ich ein Gläschen Prosecco zum Mutantrinken bekomme, schaffe ich fast alles.« »Gut gemacht, bravo!« Dr. Fantastisch sah sich meine Verletzung an.

»Äußerst selten. Ein sogenannter ›Pfählriss‹. Da muß ja die Post abgehen bei Ihnen zu Hause. Eigentlich sollte man auf so eine leidenschaftliche Beziehung ja noch mal anstoßen, hihihihi, oh, der war gut!« Ich habe mich mit der Zeit daran gewöhnt, daß es in meinem Leben mehrere Paralleluniversen gibt. Ich gerate mittlerweile nicht mehr in Panik deswegen, sondern versuche mitzulachen, auch wenn es auf meine Kosten geht. Wenn ich schon halbnackt mit einem Glas Prosecco in der Hand einem verkannten Komödianten in Größe XS gegenübersaß, der Benny-Hill-Witze riß, konnte ich auch gleich mit einsteigen: »Ja, Doktor, dann schenken Sie uns doch einfach nach, und wir trinken darauf, daß sich mein Freund keine Neue aufreißt.« Doktor Fantastisch erstickte fast an seinem Lachanfall. Als er sich einigermaßen wieder erholt hatte, meinte er: »Sie gefallen mir, Sie wissen das Leben zu nehmen, wie es kommt. Meinen Sie, Sie schaffen den Sprung zurück?«

Doktor Fantastisch schrieb mir eine Salbe auf und nahm mich beim Herausgehen an der Hand: »Sie werden das schon hinkriegen, Sie sind eine tolle Frau, ich könnte mir vorstellen, daß auch

Ihr Bild eines Tages hier hängen wird.« Ich starrte auf die Fotowand. »Dann möchte ich aber neben Siegfried und Roy hängen, ja?« Er gab mir die Hand darauf und versprach, daß er mir beim nächsten Mal ein Geburtshoroskop erstellen würde. Ein Hobby von ihm.

Die Apothekerin sah sich mein Rezept an und schmunzelte. Sie gab mir die Salbe und wünschte mir einen ganz besonders schönen Abend. Ich sah mir die Kopie des Rezeptes an. Auf dem Zettel stand, unter der Medikamentenbezeichnung: »Bitte zwei Wochen nur kuscheln. Herzlichst, Ihr Doktor Fantastisch.«

7. Die Tiere als solche

Stan Lafleur
    moewen

es sind dieselben moewen, deren vorvaeter
als mitlaeufer unter den nazis dienten (wie
jeder) unter der groszen sturmflut litten

man soll das mal nicht ueberbewerten:
dieselben moewen, die in der luft kleben
wenn man sie in den gegenwind wirft

& drueckt man ihnen auf den magen
kreischen sie nicht anders als frueher
weil der weite himmel ueber ihnen ja

nur ein winziger ausschnitt dessen ist
was sie ohne zu begreifen durchstreifen

Nora Gomringer
    Mein Hund und die Thora

___ ___ _____ ___ ____ ___. Höre, liebe Coco, wie ich die Herrin bin, deine einzige Herrin. Die dich gehen lassen musste. Die sich den Tag aussuchte, an dem ein Auto zur Verfügung, ein begleitender Mensch, ein schnell zu bereitendes Mittagessen, ein Arzt zu erreichen sein würden. Ein Tag, an dem die Sonne regnen und der Regen scheinen würde, ein Tag, an dem es egal wäre, welcher Fuß zuerst den Boden berühren würde. Ein Tag. Ein Tag auf eine Nacht folgend, ein Tag. So überhaupt ein Tag. Ein Tag mit ebenso viel Stunden, wie eine Rechnung aus zweimal 12 ergeben würde. Ein Tag mit einer Mitte, einer Zäsur, mehreren Vorhängen, Abschnitten, Kulissenschiebereien, ein Tag, eine Ansammlung von Dingen, eine Kollektion von Kuriositäten, ein Tag, ein Sekundenrevier, ein Tag.

Wie du lagst auf dem Tisch. Und ich jaaaa sagte in Moses' Schrei und der Arzt die Fluten des Meeres für mich teilte und eine Spritze füllte und ich nein dachte und nein weinte und nein meinte und nein und nein und nein war. An dem Tag, der dein letzter und mein letzter mit dir und mein erster ohne dich und mein Tag und bald nicht mehr deiner sein sollte und mein und dein und ich ein Dieb war, der dir deine Tage nahm, und der Arzt ein Dieb war, der dich mir nahm.

Papa fuhr Mama und die Schaufel im Kofferraum hin zum Baum. Du lagst wie das Jesuskind in Decken gehüllt, in aller Schwere ohne Seufzer, ohne Tage, denn ich hatte dir alle Tage stehlen lassen. Papa grub und grub und zerstörte die Wurzeln der Linde und brachte den Baum, unter dem du liegen solltest und wolltest und wollen solltest, zum Wanken, und Mama trug dich sachte, wie eine Feder, ein Kissen aus Federn, eine Welt aus Federn, eine kleine Sonne aus Federn, einen kleinen Mond aus Federn und Asche und Stein hin zum Grab, in das du in deinem französischen Kleid, deinen roten und schwarzen Striemen gedeckt, hinuntergelassen wurdest. Hier sollst du ruhen, während wir die Plätze auf dem Sofa, unter dem Tresen in der Küche, den Teppich bei der Heizung, den Sonnenlichtfleck auf dem Strohteppich unter dem Fenster bleichen, damit sie immer dein sind und du sie erkennst, wenn du zurückkommst. Am Tag des Jüngsten Gerichts, gleich hinter dem Hund des Messias, denn ich bin sicher, er hatte einen.

Paul F. Cowlan

Pig's Ear

Ein »Schweineohr«.
A pastry maze,
a toothsome trotter-print,
thick hog's-back horseshoe,
blunt tips dipped in chocolate.

Not in stock at every shop,
but maybe this one.

Worth a shot,
to lug a bagful home!
Sweet, flaky porcine auricles.
Delectable pig-out!
Schwein gehabt!

Herd up your daundering porkers;
Mastschwein, Ferkel, Keiler,
(Sauschwer this German syntax!)
reach down a formal, interrogative;
an ashplant shaft to thrust with.

Grasp the haft,
heft it, hone the edges,
stud your fidgetty pig-sticker,
and …

»Einen schönen guten Tag.«

The woman is a valkyrie!
She doubles chins, and grunts.
Not one to bandy words with!

Smile.
She will divine your meaning.
All or nothing!
Quiz the swinish oracle.

Say »Guten Tag«.
(Don't overdo it.)
Just ask! Ask now!
Thrust home! Risk it!

»Haben Sie Schweineohren?«

Johanna Wack
Karl

Als die grünen Männer mich holten, fesselten sie mir die Hände auf den Rücken. Dann luden sie mich in ihr Auto. Ich schrie. Laut. Verzweifelt. Niemand half mir.

»Sie haben mich geschlagen!«, rief ich. Überall Blut.

Ich wusste natürlich, dass sie mich nicht geschlagen hatten. Das Blut in meinem Gesicht und in meinem Haar war von Karl.

Ich hatte Karl getötet. Das Rosetten-Meerschweinchen meiner Freundin Nina.

Eigentlich mochte ich Karl, er war stets freundlich zu mir gewesen.

Na ja, einmal hat er mich voll gepinkelt. Das war lange her und ich hatte ihm längst verziehen.

Aber an diesem Tag wachte ich auf und wusste, was zu tun war. Ich war auserwählt, der Retter dieser Erde.

In Karl waren Massenvernichtungswaffen versteckt.

Ein Traum hatte es mir verraten. Ich hatte keine Wahl. Ich fühlte mich so stark wie nie. Ich wusste, ich konnte es schaffen. Ich konnte Karl besiegen. Kampf gegen den Terror!

Ich zog meine Bundeswehr-Uniform an und schmierte mir den Ruß der verbrannten Pizza vom Vortag ins Gesicht. Dann nahm ich meine gute Haarschneideschere aus dem Etui und ging los.

»Wie siehst du denn aus?«, fragte Nina, als sie mich sah. Ich schob sie beiseite, mein Ziel vor Augen.

Er hatte sich im Wohnzimmer versteckt. In seinem roten Häuschen. »KARL« stand in blauen Buchstaben über dem Eingang.

»Wie dumm, Karl, wie dumm.« Ich nahm ihn aus seinem Haus. Er wehrte sich nicht. Handzahm, abgerichtet auf ein Ziel: Unauffälligkeit. Schlau, aber nicht schlau genug. Ich grinste. Stark, mächtig. Alles ging sehr schnell. Ich zielte auf sein Herz und traf sofort. Dann schnitt ich seinen Bauch auf. Ich rupfte alles aus Karl heraus, was ich finden konnte. Ich schmiss es gegen die Wand, auf das Ledersofa, gegen den Fernseher. Ich war im Rausch. Ein Held.

Alle sollten es sehen. Ich stülpte mir Karls leblose Hülle über den Kopf.

Beim Hinauslaufen sah ich Nina. Sie stand zitternd in einer Ecke. Sie würde es bald verstehen.

Ich ließ sie stehen, ich hatte meinen Auftrag erfüllt. Ich lief auf die Straße und stellte mich auf die Fahrbahn.

Ich schrie, erleichtert, und wedelte mit Karl.

Dann kamen sie.

Massenvernichtungswaffen hatte ich in Karl übrigens nicht gefunden.

Stevan Paul
Ich habe einen Traum

Ich habe einen Traum! Den träum ich, wie mir scheint, schon ein Leben lang, immer wieder mal, immer wieder scheiße. Ich stehe, wo man so steht, an Bushaltestellen, auf der Straße, im Park, im Schwimmbad, im Büro, ich stehe also wahllos irgendwo rum. Mein Traum ist da nicht wählerisch. Dann kommt er, um mich zu beißen. Ein großer Hund. Ein gefährlicher Hund. Auch bei der Auswahl der Hunderasse ist mein Traum äußerst schlampig und sprunghaft, orientiert sich aber im Wesentlichen an der Kampfhundeverordnung Nordrhein-Westfalens und achtet darauf, dass der Hund mindestens einen halben Meter hoch oder aber mindestens zwanzig Kilo schwer ist. Das wird nie langweilig und meine Traumpartner tragen klingende Namen wie:

Pitbull-Terrier
Bullterrier
Rottweiler
Dobermann
Mastino Napolitano
Mastino Español
Bordeaux-Dogge
Dogo Argentino
Fila Brasileiro
Bullmastiff

Kaukasischer Owtscharka
Mittelasiatischer Owtscharka
Südrussischer Owtscharka
Karshund
Liptak
Polski Owczarek Podhalanski
Tosa Inu

Mir ist, als habe sich schon die halbe Hundewelt in mich verbissen, und es ist eine gute Nacht, wenn sich mal einfach nur ein deutscher Schäferhund in mich verbeißt.

Ich steh da also so rum, Hund kommt, sagt nix und beißt sich an mir fest. In den Arm, da hängt er dann so runter, oder in die Hand, oder in die Wade, und in ganz schlechten Nächten auch gerne mal in Körperteile, an denen Mann es so gar nicht gebrauchen kann. Wir stehen da jetzt also zu zweit und ich rufe: Aus und Pfui und Platz, und nichts passiert.
Der Hund hat mich fest im Biss. Er beißt nur ganz leicht zu, wage ich einen Fluchtversuch, graben sich die Zähne sofort tiefer in mein Fleisch, ich breche den Fluchtversuch ab und bleibe, bewegungslos, wo ich bin. So stehen wir da, bis ich aufwache.

Mit den Jahren habe ich mich, auch im Wachzustand, zu einem weinerlichen Hundephobiker entwickelt, Joggen im Stadtpark ist mir nicht mehr möglich. Selbst einfachste Spaziergänge schaffe ich nur noch im Slalom, panisch und mit schreckensgeweiteten Augen hetze ich durch die Straßen unserer Stadt.
Ich glaube, ich bin der einzige Hundephobiker in Deutschland, der auf die Frage, ob er denn als Kind mal gebissen worden sei, ehrlich antworten kann:
»Nö, das hab ich mir selbst erträumt.«

Die gleichen Leute, die solche Fragen stellen, sind auch die, die in Gefahrensituationen rufen: »Der will doch nur spielen!«, »Der macht doch nix«, und wenn ihre degenerierten Großstadt-Tölen dann doch mal dem Blutrausch verfallen, rufen sie: »Komisch, das hat er noch nie gemacht.« Mir wurde klar, sie waren viele, ich alleine, und wollte ich etwas ändern an der Situation, müsste ich bei mir anfangen. Bei meinem Traum.

Ich suchte Hilfe in der Esoterik-Ecke der Stadtbücherei. Zwischen körnerfressenden Latzhosenträgern gefangen im Körper Don Quichotes, zwischen warmherzig-mütterlichen Holzketten-Ursulas gehüllt in Selbstgewebtes, dort, ja, dort fand ich ein Buch mit dem Titel: »Dream Catcher – Beherrsche Deinen Traum«. Das Rezept war sehr einfach. Die Autorin riet, Träume immer sofort nach dem Aufwachen in ein Traumtagebuch einzutragen. Erst, so versprach sie, würde man deutlicher träumen, später wäre es dem geübten Dreamcatcher sogar möglich, mit seinen Traumfiguren in den Dialog zu treten.

Ich war begeistert! Das war eine tolle Vorstellung: Der Hund kommt, ich wende mich ihm zu, sehe ihm fest in die Augen, stelle mich meiner Angst und rufe beschwörerisch: »Wer bist du?« Und der Hund würde mit tiefer Stimme irgendetwas Tiefgreifendes, total Entlarvendes antworten, zum Beispiel: »Ich bin dein Vater, Stevan«, oder es wäre ein Hund mit Humor: »Hallo, ich bin dein Gewissensbiss.«

Endlich! Die Offenbarung würde folgen. Nach all den Jahren! Motiviert befolgte ich die Übungen im Buch, und schon nach einem halben Jahr waren die Hunde verschwunden. Ich träumte überhaupt nicht mehr. Das lag daran, dass ich eigentlich auch nicht mehr schlief. Mehrmals in der Nacht, kaum eingedöst, schreckte ich hoch. Hatte ich geträumt? Ja, und was nur? Moment, wo ist denn mein Traumtagebuch? Mist, der Kuli schreibt nicht, im Wohnzimmer liegt, glaube ich, noch ein Bleistift, ich geh mal kurz, also ich hätte schwören können, dass hier noch ein Bleistift …

.... Gott sei Dank, die Bücherei mahnte dreimal schriftlich, dann riefen sie täglich an, ich beugte mich und brachte das Buch zurück. Jetzt schlafe ich wieder und träume und führe das langweiligste Traumtagebuch überhaupt. Hund beißt mich, steht da.

Gerade versuche ich was Neues, vielleicht hat das Dreamcatcher-Buch ja doch ein bisschen Recht, und ich möchte vorbereitet sein, auf den Dialog mit meinen vierbeinigen Freuden, wie mein Psychologe die Viecher immer nennt. Auf dem Nachttisch liegt ein Dosenöffner. Daneben griffbereit eine Dose Pedigree Pal »Schmackos Bigbits – Rind und Pansen«-Geschmack. Für glänzendes Fell und zahnfleischpflegend, steht auf dem Etikett. Ich wette mal, das mögen die, und das ist auch viel besser als die Hundekuchen, die ich zuerst versucht habe, weil Hundekuchenkrümel im Bett, die machen einen echt wahnsinnig.

Arne Rautenberg
träumende eulen

wenn eulen
von säuen träumen
dann wühlen sie
im traum
im dreck
dann fliegen
dem dreck plötzlich
die säue weg
wenn eulen
von säuen träumen
dann sitzen die säue
auf bäumen
und träumen
von eulen

8. Unrat

Dirk Hülstrunk
Das Ding

Das Ding ist in seinem Kopf. Was macht das Ding da? Er weiß es nicht. Er weiß nur, daß das Ding da ist. Es ist hart und klein und unbeweglich. Sonst ist es ganz normal. Er hat das Ding gefragt, was es in seinem Kopf macht. Es hat nicht geantwortet. Natürlich. Dinge können eben nicht reden. Damit wird er sich abfinden müssen. Wer hat das Ding in seinen Kopf gebracht? Zum Glück weiß niemand von dem Ding. Er trägt das Ding mit sich herum und wartet. Vielleicht wird das Ding von selbst wieder verschwinden, oder es ist ein anderes Ding da oder ein anderer Kopf.

Michael Schönen
Verwandte Seelen im Dütt

Sprach ich, ich sei individüll,
dann meinten sie, ich rede Müll.
Und sagte ich, ich wär' ein Pöt,
dann hielten alle mich für blöd.
Bei Dir, da merkte ich zuerst,
daß Du es auch in Dir spuerst.
Laß ruhig sie bloed uns nennen:
Muell wie uns kann man nicht trennen!

Michael Schönen
Ode an die Kakerlake

Dir, der Du in der Küche schabst
und dich an Speiseresten labst,
und von Dir gibst ein lautes »Knack!«,
wenn man Dich trifft, Dir, Kakerlak,
Dir, Cockroach, Cucaracha, Dir
gilt unser Lob, Dich preisen wir!
Denn DU wirst noch Dein Haupt erheben,
wenn WIR schon alle nicht mehr leben,
weil unser ABC der Waffen
es schaffte, alles hinzuraffen.
Nur Dich allein wird dies nicht kümmern:
Du krabbelst dann hervor aus Trümmern
der einst so stolzen Prunkgebäude
mit unverhohl'ner Schabenfreude.

Mario Schreiner
Parkhaus

Tucker, Tucker, Tucker. »Bing!«, Schranke. OH-OH, Parkschein. Plüschhand greift zu, und los. Schranke hoch, nix wie rein. Aber – KRWRGK. Abgewürgt, viiiiel zu breite Füße, die Biester. Parkdeck 1, nix. Deck 2, auch nix. Deck 3, 4 – Da! Parklücke. Vorwärts, rückwärts. Oh-Oh, ganz schön wenig Platz für 'nen Trecker. Tüt-Tüt, eingeparkt. Und wieder raus, vier bunte Wuschelidioten tuckern auf ihrem Traktor aus dem Parkhaus und – Ausfahrt frei, nur 12 Minuten gebraucht! Und sofort wieder rein, Ticket, BING! Dicker grüner Klotzfuß aufs Gas, ab ins Parkhaus. Deck 1,2,3,4, einparken. Schwierig mit so blöden Beifahrern, die nur Winke-Winke machen, OhOh. Das ganze dreimal, wie im Fernsehn. Parkhaus rein, Parkhaus raus. Und wer steigt ab vom Trecker – Teletubbies!

Irre große bunte Kuschelmonster mit Schneebesen auf dem Kopf und Bribbelbrabbelsprache. Teletubbies üben Treckerfahren im Parkhaus? Wer schreibt denn so ein Drehbuch – LASSIE ??!!

Matthias Meppelink
READ lesergerät (andy warhol)

290	IF durchlaeufe% = 4
300	GO TO 310
310	END IF
320	
330	CLEAR SCREEN
340	READ »*Ich möchte eine Maschine sein, Sie nicht?‹ (Andy Warhol, 1963)*«
350	WAIT (t = 2s)
360	CLEAR SCREEN
370	END
380	
390	START
400	CLEAR SCREEN
410	
420	**READ »lesergerät (andy warhol)«**
430	
440	durchlaeufe% = 0
450	
460	START IF
470	IF durchlaeufe% = 0
480	COLOR = »BLUE«
490	GO TO 590
500	IF durchlaeufe% = 1
510	COLOR = »RED«
520	GO TO 590
530	IF durchlaeufe% = 2
540	COLOR = »YELLOW«

550	GO TO 590
560	IF durchlaeufe% = 3
570	COLOR = »GREEN«
580	GO TO 590
590	END IF
600	
610	READ »Probier was Neues diesen Sommer – und Coke bei 3°«
620	
630	durchlaeufe% = durchlaeufe% + 1
640	
650	START IF
660	IF durchlaeufe% < 4
670	GO TO 460
680	IF durchlaeufe% = 4
690	GO TO 700
700	END IF
710	
720	CLEAR SCREEN
730	READ »›Ich möchte eine Maschine sein, Sie nicht?‹ (Andy Warhol, 1963)«
740	WAIT (t = 2s)
750	CLEAR SCREEN
760	END
770	
780	START
790	CLEAR SCREEN
800	
810	**READ »lesergerät (andy warhol)«**
820	
830	durchlaeufe% = 0
840	
850	START IF
860	IF durchlaeufe% = 0
870	COLOR = »BLUE«
880	GO TO 980

9. Rat

Michael Schönen
»-nunft«

Dank der -einten Willenskraft
wird das »ver-« nun abgeschafft!
Ich sag Euch das eine: Künftig
werden alle Leute -nünftig!
Alles wird sich umgestalten:
Menschen werden sich dann -halten,
Reiche nur ihr -mögen -mehren,
Männer dann mit Frauen -kehren,
ab und zu im Bett mal -sagen,
die Gerichte werden -tagen,
-handeln und ein Urteil -künden.
Man wird (sogar ungebeten!)
seinen Chef im Urlaub -treten,
man kann sich den Magen -stimmen.
Starke werden Schwache -trimmen,
Menschen werden andre -lassen,
wer zu spät kommt, der wird -passen,
die Regierung mit dem größten
-gnügen -schaukeln uns, und -trösten,
und sich in den meisten Fällen
in der Öffentlichkeit -stellen.
Wenn es an dem »ver-« nicht läge,
unterschrieben Sportler -träge!
Wirtschaftsbosse? Nun, von ihnen
würden alle sehr viel -dienen.

Schilder würden nur noch -bieten,
-mieter dann an Mieter -mieten,
und man würde unter Gleichen
sich fortan die Hände reichen.
Denkt euch nur: Ganz plötzlich müßten
-hören uns die Polizisten.
Kriegs-brecher, die Waffen -wenden,
würden so den Krieg beenden,
Bomben würden plötzlich -nichten,
wenn nur auf das »ver-« wir -zichten,
und Kadaver würden -wesen!
Geistig -wi(r)rt steh'n wir am Tresen,
langsam nur wird uns bewußt:
Schön wär' diese Art von -lust.

Florian H. H. Graf von Hinten

Weniger Sensible haben klimatisierte Garagen

Ich muss morgens immer lang aufs Klo. Menschen wie Jean Pütz und Susan Stahnke würden mit einem Schicksal hadern, das sie in der Frühe eine halbe Stunde ins Bad zwingt. Sie würden mittels ostindischer Hirsetherapie das morgendliche Marathonkacken besiegen, und zumindest Frau Stahnke würde hernach durch Talkshows tingeln, um den Erfolg ihrer Methode durch Live-Exkrementieren zu untermauern.

Ich mach so was nicht. Im Gegenteil. Ich sagte zum Schicksal: »Guten Tag, du hast doch sicher nichts dagegen, wenn ich mir was zum Lesen aufs Klo mitnehme?«

»Nö«, sagte das Schicksal, »mach ruhig.«

»Da bin ich aber froh«, entgegnete ich dem Schicksal. »Ich werde nämlich immer ganz traurig, wenn ich irgendwo rumhängen muss und sehe, dass mir die Restlebenszeit sinnlos verrinnt.«
»Okay«, meinte das Schicksal, »dann gebe ich dir mal einen heißen Tipp, wie du ab jetzt schnell und sicher das Edle und Gute unterscheiden kannst vom Niedrigen und Gerd-Delling-Mäßigen. Meide alles, was die Langeweiler lieben. Lese keine Bücher, die auf der Spiegel-Bestsellerliste stehen, kaufe keine Platten, die von Journalisten empfohlen werden, schlafe nicht mit Frauen, die eine Dativ-Schwäche haben, es könnte schon Dieter Bohlen drin gewesen sein, und trinke nie alkoholfreies Becks.«

So sprach das Schicksal, und ich fuhr immer gut damit, seinem Rat zu folgen.

Letzthin aber habe ich in einer Wohnung übernachtet, die nicht meine war. Auf dem Weg ins Bad suchte ich verzweifelt etwas zum Lesen. Ich griff das erstbeste Buch, setzte mich auf die Schüssel und sah den Titel: *Generation Golf*. Ich las den Klappentext: *Irgendwann fuhr dann auch über die Straßen unserer Provinz ein erstes Golf Cabrio. In diesem Auto saß schon damals eine junge blonde Frau mit Sonnenbrille. Dieses Cabrio wies uns den Weg, heraus aus der Ödnis der Achtziger, hin zum »Weil ich es mir wert bin« der Neunziger. Dem Jahrzehnt, in dem wir, die zwischen ... 1965 und '75 Geborenen, dann endlich selbst hinters Steuer durften.*

Ich las die Kurzbiographie des Autors: *Florian Illies, Jahrgang '71, Golffahrer, Feuilletonredakteur der FAZ und Träger des Ernst-Robert-Curtius-Förderpreises für Essayistik.*

»Was ist denn das für ein Scheiß?«, fragte ich mein Schicksal. Es antwortete: »Du hast meinen Rat nicht befolgt, also suffer, Dude!«

Und wie ich sufferte. Ich meine, was soll man von einem Buch erwarten, dessen Klappentext schon mit einer geballten Ladung Schwachsinn aufwartet? Als das Golf-Cabrio erschien, wurde es ob seines höchst unkleidsamen Überrollbügels mit dem treffenden Namen *Erdbeerkörbchen* bedacht. Schon die Golf-Limousine war kein Designer-Glücksgriff gewesen, pragmatisch-hässlich, wie die meisten Autos dieser Zeit. Ein schmuckloser Gebrauchsgegenstand, den man nach dreizehn Jahren bedenkenlos dem Schrotthändler übergab. Das damalige Verhältnis zwischen Auto und Autofahrer war ungefähr auf dem gleichen emotionalen Niveau wie heute das zwischen Gundula Gause und Wolf von Lojewski.

Nach dem Kriege noch sparten die Menschen lange auf einen eigenen Wagen, die Automobilwerke heizten das Verlangen zusätzlich an, indem sie die Karren mit Zierleisten, Heckflossen, Emblemen, Krönchen, Weißwandreifen oder dergleichen Kirmeskram mehr behingen. Und selbst wenn das Ergebnis unter ästhetischen Gesichtspunkten manchmal zu wünschen übrig ließ, so wurde doch selbst ein Opel Kadett schön, wenn Vati ihn sich vom Munde abgespart hatte. Samstags hegten und pflegten, putzten und polierten die Männer ihre Wagen, die begabten unter ihnen führten sogar illegale Reparaturen in der heimischen Garage durch. Und als der 59er Taunus 17M nach sieben Jahren komplett durchgerostet war, standen erwachsene Männer weinend in der Hofeinfahrt, wenn der Schrotthändler den Gelsenkirchener Barock zur letzten Fahrt auflud.

Auf den Golf jedoch hat niemals jemand gespart. Diese Aussage besticht zwar durch ihren besonders niedrigen Wahrheitsgehalt, geht aber dennoch in die richtige Richtung. Die 70er Jahre waren Jahre so fett wie Claudia Roth und so reich wie Jürgen Möllemann. Einen Mittelklasseneuwagen kaufte man mit der gleichen Nonchalance, wie man einen Jahresurlaub bei Quelle buchte. Natürlich freute man sich drauf, sicher aber hat niemand im Reisebüro vor Glück geweint, während im Hintergrund das Radio ABBA spielte: *The winner takes it all.*

Das Golf-Cabrio setzte diese Entwicklung konsequent, wenn auch auf anderer Ebene fort. Während der Golf das vernünftige Familienauto war, sollte das Golf-Cabrio das vernünftige Angeberauto für gelangweilte Zahnarztgattinnen und der standesgemäße Anfängerwagen für mäßig erfolgreiche Gymnasiastinnen aus dem niederen Adel sein. Ich behaupte jetzt einfach mal, dass die Golf-Cabrio-Fahrer nie identisch waren mit den Golf-Cabrio-Bezahlern, es sei denn, es handelte sich um schwule Frisöre oder um vereinsamte ZDF-Moderatorinnen, die das Verschwinden des Programmansagerinnengenres nicht hatten verwinden können.

Ausgerechnet diese Karre nun erschien Florian Illies und wies ihm *den Weg aus der Ödnis der 80er Jahre*. Ich weiß ja nicht, wo Illies die 80er verbracht hat, aber mal abgesehen von der Zugspitze, den westfriesischen Inseln und Bonn-Tannenbusch kann ich mir keinen Platz in Westdeutschland vorstellen, der in den 80ern das Etikett *öde* verdient hätte. Die 80er waren doch – je nach Betrachtungslage – der Rummelplatz eines neuen Lebensgefühls oder die Geisterbahn des untergehenden Abendlandes. Aber um die 80er *öde* zu finden, muss man schon entweder ein Vollautist oder Feuilletonredakteur der FAZ sein. Was soll man auch erwarten von einem, der alle zwischen 1965 und 1975 Geborenen zu *einer* Generation zusammenfasst? Grober Unfug, denn wie jeder weiß, ist die Generationengrenze im Sommer 1969 anzusiedeln. Wer es bis dahin geschafft hatte, auf die Welt zu kommen, wurde im Sommer 1975 eingeschult. Die Kinder dieses Jahrgangs bekamen als letzte Grundschüler echte Noten auf ihren Zeugnissen. Die Jahrgänge nach uns bekamen am letzten Schultag nur noch ein Schmierblatt voll von sozialdemokratischem Kauderwelsch der schlimmsten Sorte.

Rüdiger kann vorher geübte Texte fast ohne Hilfe lesen.

War das eigentlich noch eine Eins oder schon 'ne Zwei?

Man sieht, die Frage, ob man vor oder nach dem Sommer 1969 geboren wurde, ist nur noch vergleichbar mit der Frage, ob man in der HJ war oder nicht, oder ob man die Pubertät vor oder nach dem Sendestart von RTL erreichte. Solche Ereignisse prägen Biographien und sicher nicht die Frage, ob Alexandra von Jordans im Golf-Cabrio eine Sonnenbrille aufhatte.

Ich wehre mich dagegen, dass Illies mich und andere aufgrund unseres Geburtsdatums in Misskredit bringt. Da kennt Illies nämlich weder Gnade noch Mathegrundwissen, wenn er schreibt *Max Goldt ... obwohl Jahrgang 1958, (ist) irgendwie ein Ehrenpräsident unserer Generation (Golf)*. Mein Gott, Illies! Max Goldt hat überhaupt kein Auto! Max Goldt hat noch nicht mal einen Führerschein!

Illies ist das egal. Er definiert zwar ganz richtig den Golf als den kleinsten gemeinsamen Nenner einer höchst individualisierten Gruppe, aber anstatt folgerichtig den Wagen als das vergleichsweise beste Auto für geschmacks- und gefühlsresistente Menschen zu verstehen, zieht er einen folgenschweren Fehlschluss: *Als ich Jahre später Caterina kennen lernte, verabschiedeten wir uns auf der Straße, sie stieg in ihren Wagen und brauste davon ... Es war ein Golf. Ich war sehr glücklich und wusste mich am Ziel.*

Es waren Golffahrer, die mich 1986 auslachten, als ich mir einen Käfer kaufte. Wer je in einem Käfer gefahren ist, wird mich verstehen. Brabbelnd wie ein Märchen erzählender Großvater brummt der Käfer aus den Tiefen seines Hecks, wo sein Motor dezent im Hintergrund seiner vornehmen Arbeit nachgeht, nämlich den Kindern, die über ihm in der Ablage hinter der Rücksitzbank liegen und durch das Heckfenster den Mond betrachten, seine allumfassende Wärme zu spenden und sie langsam in den Schlaf zu wiegen. Wer hier seine emotionale Sozialisation erlebte, muss sich später auch nicht als Feuilletonist bei der FAZ verdingen.

Der Käfer hat einen Heckantrieb, er schiebt von hinten, der Golf

hat einen Frontantrieb, er zieht von vorne, das sagt doch schon alles. Das mache keinen Unterschied, sagt ihr?
So sprechen kann nur, wer seine Herzensbildung sich vom bofrost-Mann hat bringen lassen!

Alles muss man euch erklären.

Schieben wohnt eine Sanftheit inne, die nur aus reiner Unschuld geboren sein kann. Schieben tut Ed von Schleck, schieben tat die Petersbergbahn, schieben tut Mutti den Kinderwagen, schieben tut man den Kuchen in den Backofen. Schieben tut man eine ruhige Kugel.

Ziehen hingen umflort immer der Odem des Niederträchtigen. Ziehen tut der Zahnarzt Weisheitszähne, man zieht in den Krieg, ziehen tut man jemanden über den Tisch, ziehen tun Mädchen am blauen Bändchen, ziehen tun türkische Panzer gefesselte kurdische Gefangene hinter sich her durch den Wüstenstaub. Ist denn das so schwer zu kapieren?

Ihr würdet es sogar fertig bringen, Anhängerkupplungen an eure Fahrräder zu schrauben, um dann eure Babys in lächerlichen kleinen Plastikhängerchen hinter euch herzuziehen. Nicht mal Holländer würden auf so eine Idee kommen. Kleinkinder in Aspik! Dass ihr so euren Kindern den Blickkontakt verweigert, geschweige denn mit ihnen sprechen könnt, scheint euch nicht weiter zu stören. Sprache ist ja eh nicht so wichtig. Nicht umsonst lautet sehr treffend eines der vernichtendsten Urteile, das zu fällen ihr imstande seid: *zu viel Text!*

Hinter der Fratze eurer euch so existenziell erscheinenden Liberalität und Weltoffenheit steckt in Wahrheit nichts als gähnendes Desinteresse an anderen Menschen. Euch ist nicht nur alles egal, euch ist sogar jeder egal, einschließlich euch selbst!

Euer größtes berufliches Ziel ist »irgendwas mit neuen Medien machen«. Und das höchste erotische Glück besteht für euch darin, die blonde IT-Consulterin eines aufstrebenden Neuen-Markt-Start-ups im schwarzen Golf-Cabrio zu vögeln. Von euch kriegt man nie eine klare Meinung zu hören, geschweige denn eine interessante. Ihr versucht euch überall durchzumogeln. Ihr feiert eure charismaresistente Existenz als die Fleisch gewordene Ally-McBeal-Show für sitzen gebliebene Akademiker. Ihr habt das »Ja, aber« zum Credo eures magersüchtigen Daseins hoch stilisiert.

Lange Haare ja, aber gepflegt müssen sie sein.
Punkrock o. k., ja, aber bitte nicht so laut.
Grün wählen ja, aber einmal im Jahr eine Alltours-Fern-Flugreise buchen.
In der Altstadt wohnen wollen, aber zwei Anwohnerparkplätze verlangen.
Den Reformstau im Land beklagen, aber im DGB sein.
Liberale Zuwanderungsgesetze ja, aber bitte keine zwölf türkischen Kinder in der Grundschulklasse meiner Tochter.
Wasch mir den Pelz, aber mach mich nicht nass!

Immer nur groß die Fresse aufreißen, aber null Einsatz für irgendetwas zeigen. Ihr macht immer alles falsch, ihr seid zu blöd zum Scheißen, ihr könnt immer nur Ansprüche stellen und übers Wetter jammern.

Ihr kotzt mich an.

Ihr online besamenden T-Aktien-Broker,
Ihr blutleeren Werbeagenturhengste,
Ihr Lara-Croft-Masturbanten,
Ihr existenzangstschweißnassen Chatroom-Türsteher,
Ihr frühejakulierenden New-Economy-Unternehmensberater,
Ihr kuppenkässtinkenden Webdesignerluden,
Ihr Premiere-Fetischisten mit Intelchip in der Eichelspitze,

Ihr Nokia-Vibration-Call-Schlampen,
Ihr IT-Erektionsschwächler,
Ihr spätpubertären Loftmieter,
Ihr Datenhighway-Holländer,
Ihr Retortenbabysitter,
Ihr Informatik-Leistungskurs-Onanierer,
Ihr virtuellen Intimfrisöre,
Ihr Sozialhilfe-per-E-Mail-Beantrager,
Ihr Posttower-Erotomanen,
Ihr Bill-Gates-Look-a-Like-contest-winners,
Ihr digitalen Sozialautisten,
Ihr Westernhagen-Fans!

Als am 6. Januar 1980 das letzte Käfer-Cabriolet vom Band lief, organisierten nicht wenige Menschen Protest-Sternfahrten nach Osnabrück, die dem aufmerksamen Chronisten eine Ahnung geben sollten von den großen Demonstrationen, die das heraufziehende neue Jahrzehnt für Deutschland bereithielt. Die Tagesschau zeigte weinende Karmann-Mitarbeiter, die den letzten Käfer blumenbekränzt von der Montagehalle direkt in das Werksmuseum überführten. Im sprachlichen Gossenjargon der Gegenwart würde man sagen, dass die Menschen *Wut und Trauer* empfanden ob der Produktionseinstellung einer Lebensanschauung. Scham und Schande wurde dem Volkswagenwerk prophezeit, und so kam es ja auch. Weniger sensibel veranlagte Menschen kauften die letzten Exemplare als Geldanlage, um diese in klimatisierten Garagen zu konservieren. Noch heute finden sich im Anzeigenteil der FAZ immer wieder 1979er Käfer-Cabrios mit null Kilometern zu Preisen, die einem die Schamesröte ins Gesicht treiben. Ich kann nicht umhin anzumerken, dass die Gewinnspanne dieses Investments deutlich über der der T-Aktie liegt.

Als im Jahr 2001 das Golf-Cabrio das Zeitliche segnete, war das der FAZ eine Vierzeilenmeldung unter der Rubrik »Vermischtes« wert. Fragen Sie die ersten 20 Menschen auf der Straße, ob sie von der

Einstellung des Golf-Cabrios Kenntnis genommen haben und/oder ob sie das emotional berühre. Quod erat demonstrandum.

Der unrühmliche Abgang eurer Lieblingskarre will euch ein Menetekel sein. Wenn ihr nicht bereit seid, euch für irgendetwas zu entscheiden, wenn ihr nicht irgendeine Sache mit eurem Herzblut tut, wenn ihr nicht irgendetwas **sein** wollt, warum sollte sich irgendeiner eurer erinnern, warum sollte irgendeiner euch eine Träne nachweinen?

Gabriel Koch
Heute oder In der Zwangsjacke des Sozialen

Die Geschichte der Menstruation ist voller Missverständnisse
Sagt die Werbung
Aber die Geschichte der Menschheit weist noch mehr Missverständnisse auf
Sage ich
Und jetzt ist Schluss mit lustig
Alles ist krebserregend
Den Gott gibt es nicht und die Ewigkeit ist tot
Es gibt nur jetzt und hier und Ihr seid die Götter der momentanen Wirklichkeit
Übrigens Nutella ist krebserregend
Und Ihr erschafft tagtäglich neue Welten und fabelhafte Wesen
Wie z. B. die armselige Kreatur Dieter Bohlen
Übrigens Gegrilltes ist krebserregend
Und Ihr seid es die das Buch »Nichts als die Wahrheit« geschrieben und hoch gepriesen habt
Das Bier ist krebserregend
Und das hirnlose Flittchen Verona Feldbusch entsprang
Eurem Geiste wie damals Venus dem Schaum des Meeres

Der Schaum des Meeres ist heutzutage krebserregend
Ihr würdet so gerne mit der lächerlichen Halbnutte Naddel schlafen
Zumindest die Männer unter Euch
Beischlaf ist neuerdings auch krebserregend
Ihr habt aus Spanien ein Paradies
Für versoffene Idioten gemacht
Und alles läuft nach Euren 10 Geboten die also lauten:
1. Spaß
2. Spaß
3. Spaß
4. Spaß
5. Spaß
6. Spaß
und weiter rückwärts
nebeis ßaps
Tcha ßaps
Nuen ßaps
Und das 10., das wichtigste Gebot heißt LIEBE
Übrigens Liebe ist krebserregend
Und die Geschichte der Liebe ist auch voller Missverständnisse
Weil im Grunde genommen geht's nicht um die Liebe sondern ums Ficken
Ficken ist auch krebserregend und voller Missverständnisse
Aber im Grunde genommen geht's nicht mal ums Ficken sondern um die Fortpflanzung und das Vermehren der Spezies Mensch obwohl im Grunde genommen geht's nicht um Fortpflanzung und Vermehren der Spezies Mensch sondern um Fortpflanzung und Vermehren der Gene die sich Hüllen gebaut hatten
Hüllen in Form von der Spezies Mensch damit sie (die Gene) sich fortpflanzen und vermehren können und übrigens
Tomaten sind auch krebserregend

Timo Brunke

Das Konstrukt

Ich bin der Dreh, der deinen Eierkocher revolutioniert
Ich bin das Tool, das deinen Kühlschrank mit dem Auto kombiniert
Ich bin der Chip in deiner Haut, der dich am Morgen aufstehn heißt
Ich bin das Bit in deinem Kopf, das es dir sagt, bevor du's weißt
Wenn du der Click in deinem Finger, der dich führt, wohin du willst
Ich bin das WeWeWeWeWe vor deinem Monitor vor Neugier überquillst.
Ich bin der Term, der alte Berechnungen gekonnt in Stücke sägt.
Das Unbekannte, das kaum Benannte, das man zur Frühjahrsmode trägt
Auch während es erst am Horizont von fern herüberguckt: *das Konstrukt.*

Ich bin die Taste, die sich selber schon vorm Drücken korrigiert
Ich bin der Schalter, der selbst schaltet, wenn er schalten will – kapiert?
Ich bin die Box, in die ein Swimming-Pool zusammenfaltbar passt
Ich bin die Sonde, die beim Duschen jeden Pickel deiner Haut erfasst

Ich bin das Flugzeug mit Gewächshaus, das dorthin fliegt, wo's grad warm ist
Ich bin der Button, den man drückt, hat man Verstopfung, wo der Darm ist
Ich bin der PacMan, der das Sandmännchen für Kinder glatt ersetzt
Ich bin der Super-Cyborg, der selbstgerecht das Böse in der Luft zerfetzt.
Ich bin der Start für die bemannte Fahrt ins Innere der Erde
Ich bin der Schock für alle, die dachten, dass sie mich nie erleben werden
Das alles Verändernde, Phasen Durchschlendernde, Grenzen Enträndernde
Das wie ein Blitz durch deine rätselbangen Nächte zuckt – das Konstrukt.

Ich bin die Miniwaschmaschine in deiner Haustürsprechanlage
Ich bin der Liegestuhl mit Reißverschluss für Sonnenstrände unter Tage
Ich bin das Kühlhaus, das sich selbst per Radar durch die Wüste wagen kann
Ich bin die Hühnerlegebatterie, die »Mama, Papa!« sagen kann.
Ich bin das Wirr, das deinem Wirrwarr alle Knoten neu verknotet
Ich bin das Pro, das deine Contras mit 3D-Bildchen ausbootet
Bin das Projekt, auf dem Natur wie'n Model übern Laufsteg wackelt
Ich bin das Reißbrett, hinter dem die Gegenwart wie'n Trottel ohne Durchblick dackelt
Ich bin das Game, das programmiert für jedes Gen den Code durchspielt
Ich bin das Monster, das auf Übernahme deiner Herrschaft zielt

155

Das stets Jungfräuliche, Treu-Ungetreuliche, Himmelblaubläuliche,
Das jeden Status quo einfach bespuckt – das Konstrukt.

Ich bin das Harte in der Hard-, das Softe in der Software-Ware
Ich lasse alles nur erscheinen, deshalb lass ich niemals Haare
Bin das Modul, der Blick, der jeden Gegenstand in eitle Würfel staucht
Ich bin das Dings, das jede Doppelhelix in Sinus-Cosinüsse taucht
Ich bin das Bums, das jede Theorie zu gut macht für die Praxis
Ich bin die Cut-Cube-Scroll-Chat-Top-Score-Kugel-Raster-Eck-Membran
Ich bin der Web-Mac-Inter-Klon-Face-Tele-Nano-Ultra-Mega-Wahn
Der kreuz und quer durch eure Köpfe spukt – das Konstrukt
Denn: Lüg ich auch wie gedruckt – alles ist mein Produkt
Ich hab die Zukunft mit goldenen Löffeln geschluckt
Und hältst du auch das Ganze für nen reichlich konstruierten Fall
Dann sag ich dir »genau, mein Freund: Ich bin das Spiel – und du der Ball.«

Nicolette Kretz
walk on by

I go outside and I walk.
I walk along the street.
I walk along a house
and I walk.
I walk and I don't run
'cause walking is good,
someone once said so in a play,
and I go outside
and I walk.
I walk, and then she says »hi«,
and I say »hi«,
and she says »bye«,
and I say »bye«,
and I walk.
I go in a shop and I say »hi«,
and they say »hi«,
and then I buy,
and then it's »bye«,
and I walk
and »hello« again
»sorry can't talk. I must go.«
I have to walk.
I have to work.
I have to walk to work
and »hi« and »bye« while I walk.
»How do you do
and why do you do what you do
while I work
and I walk
and I buy?«
What can I buy
when I can't stop to say

»Hi, what can I buy?
What do you sell?«
What the hell
I have to walk
to get to work
so I can buy what you sell
between the »hi« and the »bye«.
it's not far to walk to work
but far enough to say »hi«
more than once to a passer-by
and to ask yourself why
you don't talk before you say »bye«
but just walk on by on »bye«.
Sometimes I think,
»let's run and conquer the world«
but I don't run,
I just walk
there's no time
to conquer the world.
I have to walk.
I have to work.
I have to walk to work,
so I walk
and I walk
and I walk.
And I hope there's time to say more
than »hi« and »bye«
someday before I die.

Renate Leukert
Weinende Männer

Kennt ihr das? So einen weinenden Mann auf dem Bahnsteig, oder auch so einen weinenden Mann, egal welcher sexuellen Ausrichtung, in eurer Küche. Ich meine, das ist doch ... das hat die Natur nicht so gewollt. So ist das nicht gedacht. Wenn der liebe Gott gewollt hätte, dass Männer weinen, dann würden sie auch Make-up benutzen und Wimperntusche, die dann verläuft, damit das Ganze noch dramatischer aussieht. Männer benutzen aber keine Wimperntusche, also sollen sie auch nicht weinen!!

Nee, echt, so 'n weinender Mann in der Küche, was willst du denn da machen? Klar hat ein Mann auch mal ein Problem, aber dann soll er mit seinen Kumpels in die Kneipe gehen und ein paar Bier trinken, aber doch nicht drüber reden. Und schon gar nicht mit mir! Ich will das nicht hören, ich kann das überhaupt nicht hören, ich bin da völlig überfordert. Was willste da auch machen, so 'n weinender Typ in der Küche, kannst den vielleicht mal an deine Brust drücken, aber das hilft ja auch nicht wirklich.

Und dann so völlig sensible Männer, die Früchtetee trinken und Duftkerzen in ihrer Wohnung anzünden, so Frauenversteher, Hallenfußballspieler, diese Neuzeitpoeten, die vor lauter Sensibilität alles klein schreiben. Solche Typen, die sich nach einer langen intensiven Phase der Selbstreflexion endlich gefunden haben. Und das ist auch gut, dass solche Typen sich selbst finden, denn sonst sucht die nun wirklich keiner!!
Diese Typen wohnen vorzugsweise bei ihrer Mutter, bis sie so achtunddreißigeinhalb sind und die Mutter dann verstirbt.
Typen, die über alles reden wollen. Und wenn du ihm deine tieftraurige Geschichte erzählst, dann fängt der plötzlich an zu weinen. Ich meine, was soll denn das? Ich habe hier das Problem, nicht der. Also weine ich, nicht der. Überhaupt, wenn eine Frau weint – sind ja meistens nur so ein, zwei wohl dosierte Tränen –,

nichts sagen. Einfach mit dieser großen, allbeschützenden Geste, mit dem Daumen die Tränen wegwischen. Nichts sagen, 99,8 % der Dinge, die ihr jetzt sagen könntet, wären falsch. Wir wollen nicht verstanden werden, wir wollen geliebt werden.

Dieses *Frauen wollen über alles reden,* wer erzählt denn diese Scheiße überhaupt? Reden kann ich mit meiner Freundin, stundenlang am Telefon. Wo habt ihr das denn her? Aus den ganzen Frauenzeitschriften, die ihr heimlich lest? Wir lesen die Annabelle schon lange nicht mehr, wir lesen die Annabelle Business!!!

Ein richtiger Mann weint nicht, wenn sein Fahrrad einen Platten hat.
Ein richtiger Mann weint nicht, wenn der Weihnachtsbaum nicht in den Ständer geht.
Ein richtiger Mann weint nicht, wenn seine Freundin ihn verlässt.
Ein richtiger Mann weint nicht, wenn seine Mutter stirbt.
Ein richtiger Mann weint schon gleich gar nicht, wenn er seiner Freundin sagt, dass er sie verlässt. Das ist ja nun wirklich das Allerletzte.
Ein richtiger Mann hat auch nicht geweint, als der FC Basel 0:4 gegen Juventus Turin verloren hat.
Ein richtiger Mann weint vielleicht, wenn das WM-Finale aufgrund eines eklatanten Torwartfehlers seinerseits verloren geht.
Allerhöchstens dann weint ein richtiger Mann.

Ihr habt es doch alle gesehen: Oliver Kahn, nach dem Spiel allein am Pfosten. Der einsamste Mann auf diesem Platz. Das ist es, was wir wollen, große Gefühle, ohne Worte.
Lasst euch das ein für alle Mal gesagt sein: Nichts ist erotischer als der strahlende Held in dem Moment, in dem er versagt. Nur einfach nicht in meiner Küche und nicht in meinem Bett.

Florian Müller
Frauen sind wie Kartoffelsalat

Frauen sind wie Kartoffelsalat auf einer Party, bei der jeder etwas mitbringt. Es gibt immer einen Kartoffelsalat, der kaum beachtet wird, der am Ende übrig bleibt. Das ist meistens der Kartoffelsalat, der langweilig aussieht, fad schmeckt, irgendwie nicht aufregend ist. Mit viel Mayonnaise, überhaupt ist von ihm auch immer zu viel da. Der Kartoffelsalat steht dann immer so rum, sagt kaum was, während alle anderen Salate immer weniger werden. Die Party neigt sich dann dem Ende zu, der langweilige Kartoffelsalat steht immer noch da. Irgendwann stürzen sich dann die letzten besoffenen Gäste auch auf diese letzte Schüssel, verzehren den unscheinbaren, faden, langweiligen Kartoffelsalat mit einem Heißhunger, aber ohne Würstchen, die sind nämlich schon lange weg. Dabei sagen sie dann Sachen wie: »Mann du bist echt der beste Kartoffelsalat, den ich je gegessen habe, ehrlich!«

Am nächsten Morgen liegen sie dann neben dem Salat, ihnen ist schlecht, sie fühlen sich wie das Opfer aus der Gervais-Obstgarten-Werbung und bedauern zutiefst, den fetten Kartoffelsalat überhaupt angerührt zu haben.

Wie anders ist es da doch mit den exotischen Ingredienzien auf einer Party!

Franziska und Jerome kommen gerade von ihrer Toskana-Reise und bringen ihren toskanischen Kartoffelsalat mit. Nicht ohne dass dieser groß angekündigt wird: »Der ist ganz leicht, mit Estragon und selbst gepresstem Olivenöl!« Da stürzt sich doch sofort jeder mit einem großen Hallo drauf. Oft genügt auch nur das gewisse Etwas, eine schöne Garnitur, und schon ist der so rausgeputzte Kartoffelsalat der Star jeder Party. Auf die inneren Werte gibt wieder niemand etwas.

Wenn es auf einer Party heißt: »Das ist Begonia, Au-pair-Mädchen aus Brasilien, die sich mit Modeln etwas Geld verdient. Sie spricht kein Deutsch, möchte aber unbedingt Land und Leute kennen lernen«, kann man sicher sein, dass sie nicht lange um Anschluss betteln muss.

Dass sie eigentlich strohdoof ist, ist erst mal vollkommen unwichtig.

Manchmal ist es aber auch so, dass der Kartoffelsalat nur scheinbar ein ganz besonderer ist. Da stellt Gaby ihren Salat vor: »Der ist aus Kartoffeln, die ich selbst gezüchtet habe. Genau wie die Gürkchen, die hab ich selbst eingelegt. Und als ich die Mayonnaise angerührt habe, war ich nackt.« Schon ist fast nix mehr vom Salat übrig, der nichts Besonderes ist, aber als solcher verkauft wurde.

Etwas Ähnliches habe ich mal in einer Bar erlebt, da gab es zwar keinen Kartoffelsalat, aber dafür Menschen. Zum Beispiel dieses Pärchen: Sie sitzt ihm leicht gelangweilt gegenüber, sie haben sich scheinbar erst vor kurzem kennen gelernt, aber schon nichts mehr zu sagen. Bis er sich plötzlich durch eine Äußerung quasi zum toskanischen Kartoffelsalat macht: »Ich gehe hier ja auch so gerne hin, weil die hier ausschließlich Jazz spielen. Ich stehe unheimlich auf Jazz. Jazz ist viel gefühlvoller als andere Musik. Nur bei Jazz kann ich wirklich weinen.« Solches und andere Sinn-Sülze quillt da aus ihm heraus, aber sie schmilzt vor ihm dahin, fünf Minuten später sehen wir sie wild knutschen, zehn Minuten später verlassen sie Arm in Arm das Lokal. Und geweint hat er nur ein einziges Mal, und zwar, als sein Fußballverein abstieg. Doch für sie war er auf einmal der locker-leichte Kartoffelsalat aus biologischem Anbau mit Petersiliengarnitur, Cornichons statt Gürkchen und schön drapierten Radieschen, die wie kleine Mäuse aussehen.

Es ist nur eine Frage der Zeit, bis sie feststellt, dass er eigentlich von Merl, Homann oder Zott kommt und aus einem Fünf-Liter-Party-Eimer stammt.

Doch was erkennen wir sofort? Männer sind eigentlich auch nichts anderes als Kartoffelsalat.

Martin Betz

Guter Rat

Mein Sohn, trau nie dem ersten Schein,
stets prüf die Dinge näher.
Nicht jeder Bus im Netz Rhein-Main
fährt durch nach Nordkorea.

Nicht jeder, der Tapeten kaut,
spült nach mit Zuckerwatte.
Nicht jeder, der Raketen baut,
gewährt dem Papst Rabatte.

Nicht jeder Heiratsschwindler hätt
im Grunde gern was Festes.
Nicht jeder, der dich nachts im Bett
erdrosselt, will dein Bestes.

Auch ist, wer das für Kohle tut,
nicht stets ein frommer Pater.
Nicht jeder, der dich absolut
nicht abkann, ist dein Vater.

Jedoch steht fest, daß jeder Pfau
zur Ehe eine Maus will,
daß Alfons-Dieter, mein Wauwau,
trotz Sonnenscheins nicht raus will,

daß ich das Weißgold von Mama
verwahr' in schwarzen Kassen,
und daß – na ja, du weißt schon! Da
kannst du dich drauf verlassen.

Jedoch, nicht alle Grizzlys gehm
dir ohne Kampf ihr Fell preis.

Nicht alle Quizshows, die dich nehm',
zahln nachher den Hotelpreis.
Nicht jeder, der sein Hautekzem
gut ölt, kriegt den Nobelpreis.

Nicht jede Frau fährt nach Gehör
mit zu'en Augen besser,
nicht jeder Waffeninspekteur
bemerkt dein Käsemesser.

Nicht stets gilt, daß das Dromedar
gekochtes Eisbein fresse.
Nicht immer stammt ein Buch, das gar
nichts taugt, von Hermann Hesse.

Wer früh die Volksbank überfällt,
nicht immer kommt er gegen
halb eins zurück, um's Beutegeld
als Sparbrief anzulegen.

Nicht jeden, der dich zum Kaplan
und Schuldekan macht, kill ich.
Nicht jede Bahnfahrt wird mit Plan
und Spar tatsächlich billig.

Nicht jede Sau, die Ferkel beißt,
besteht den Fahrtenschwimmer.
Nicht jede Frau, die Merkel heißt,
darf nachts zu mir aufs Zimmer.

Und darf sie's doch, nicht jedesmal
darfst du das miterleben.
Nicht jeder, der mich für total
bekloppt hält, liegt daneben.

Auch muß nicht jeder gute Rat
fürs Leben wirklich klug sein.
Nur meiner ist es in der Tat.
So, damit soll's genug sein!

Nimm meine Worte, schreib sie hier
dick hinter beide Ohren.
Da ham sie's gut. Da gehn sie dir
auf schnellstem Weg verloren.

Die Autoren

Michel Abdollahi

Der jüdische Schriftsteller Mosche Feigenbaum wuchs in Jerusalem auf und bearbeitet in seinen Texten meist islamische Fragen religiöser Herkunft. Er schreibt unter seinem Pseudonym Michel Abdollahi, um sich und seine Leser vor den Seitenhieben des welteinnehmenden Kapitalismus zu schützen und um den Kommunismus zu entkriminalisieren.

Martin Betz

Präzisionsdichter und gebürtiger Vokalist, lebt in Berlin.

Maroula Blades

In den vergangenen vier Jahren jeweils Preisträgerin des Internationalen Poetry Wettbewerbes in Schottland. Die englische Autorin und Sängerin lebt seit einigen Jahren in Berlin. Ihre Poetry/Musik-Performance *Black Widow* mit dem Komponisten George Henry wurde bereits auf mehreren Bühnen Berlins präsentiert. Gedichte u. a. im *Holzschnitte Buch* des Zappo Verlages.

Timo Brunke

Sprechdichter, Kabarettist, Stuttgarter Slam-Master. Ausrichter des GIPS 2004/www.slam2004.de.
Info: www.timobrunke.de

Mirco Buchwitz

Jahrgang 1974. Rechtzeitig abgebrochenes Philosophie- und Anglistikstudium. Musiker in verschiedenen Bands. Lesungen (u. a. Buslesung Hildesheim, ausgezeichnet vom Goethe Institut), Spoken-Word- und Comedy/Kabarett-Veranstaltungen. Veröffentlichungen in Literaturzeitschriften und Anthologien, diverse literarische Projekte.

Katinka Buddenkotte

Überlebt Geschichten und schreibt sie dann auf. Privat versucht sie, den Mittelstand zu stärken.

Henning Chadde

*1969 in Hannover, lebt dort. Grenzzeitdichter, Autor, Journalist und Poetry-/Kulturveranstalter. Seit 1995 über 300 Auftritte bundesweit, dazu kontinuierlich Veröffentlichungen. Deutscher Slam Poetry-Meister der Herzen 2003, Urgestein und Hammertyp!

Robert Cohn

Geboren vor ziemlich langer Zeit, arbeitete als Museumsführer, Sachbuchautor und Obstverkäufer. Er wohnt auf St. Pauli, weil es sich da nett lebt. Er ist einer der Gründer der Autorengruppe *redereihamburg.de*, die jeden Monat die beliebte Sonntagslesung *Kaffee.Satz.Lesen.* veranstaltet.

Paula Coulin

Geboren '79 im Ländle (Stuttgart), rheinisch sozialisiert (Aachen), seit '98 in Hamburg, »weil, im Norden, da war ich noch nie.« Studiert Anglistik und anderes. Hat 2001 in Manchester, GB, den Ruf der Schreiberei erhört – »die nehmen das nicht so ernst da«. Seitdem froh und munter. Meistens.

Paul Cowlan

English poet and songwriter/performer who works all over Europe, and occasionally further afield. He's released seven musical albums and three of poetry; and with his unique brand of wicked British humour and a compelling stage presence he never fails to engage the audience in his offbeat vision of the world.

Lydia Daher

*Berlin; 1980 / Studentin / Dichterin / Fehltritte / Auftritte / Siege / GIPS 2001; 2003/Veröffentlichungen/Veranstalterin *Speak & Spell* / Herausgeberin *Vokalpatrioten*.

Dalibor

*75, Texte – BeatBox – Musik

Alex Dreppeç

Slam-Champion in vielen Städten, einer der Organisatoren und Moderatoren der Darmstädter *Dichterschlacht* – und des GIPS 2003. Viele Veröffentlichungen u.a. in Zeitschriften und Anthologien, erster Gedichtband: *Die Doppelmoral des devoten Despoten*, Eremiten-Presse, 2003.

Nina Ender

*1980 in Erlangen. Aufgewachsen in Ulm. Ab 2000 Hamburg, Journalistikstudium. Mit dem Team Hamburg zweiter Platz beim GIPS 2001. Förderpreis junger Ulmer Künstlerinnen und Künstler 2001/2002. Seit April 2004 Studium Szenisches Schreiben an der Universität der Künste Berlin. »Kauf dir ein Überraschungsei und werde Retter der Welt.«

Ivo Engeler

Kommt aus der Nordostschweiz. Er ist ein netter Typ und Mitherausgeber eines netten Magazins namens *GfoT*. Kurzbios liegen ihm nicht besonders, dafür frühstückt er gerne ausgiebig.

Oliver Gasperlin
31 Jahre, Studium der Germanistik, freier Mitarbeiter in Münchner Verlagsagentur und Literaturhaus, schreibt Prosa, Gewinner einiger Poetry Slams 2003: Augsburg, Ravensburg, Konstanz, 2x München. GIPS-Teilnehmer 2003.

Thomas Glatz
*1970; Studium der bildenden Künste in München und Helsinki; seit 2000 Organisator des Münchner Open Mic; Veröffentlichungen (u.a.) *Kneipen-Philosophien* (Libelle Verlag) und *Der dicke Koch hat frei und fährt mit dem Rad zum Teich* (Blackink Verlag).

Nora Gomringer
*1980, eigentlich als Lyrikerin veröffentlichend, slammend unterwegs, auch veranstalterisch tätig, dies in Bamberg, wo gewohnt, studiert, gearbeitet und gelebt wird.

Sven Heine
*1972 in Tangstedt, Kreis Pinneberg. Dann Realschule Egenbüttel, Kreis Pinneberg, und Fachgymnasium Elmshorn, Kreis Pinneberg, und auch FH Wedel, Kreis Pinneberg. Später Informatiker. Letztes Jahr die *redereihamburg* gegründet, jetzt auch Lesungsveranstalter. www.redereihamburg.de

Finn-Ole Heinrich
Im Herbst '82 dem Becken meiner Mutter entsprungen, drehte ich mich fortan auf eigenen Beinen um die Sonne. Ging zur Schule und auch nicht, fand enge Jeans scheiße und hörte laute Musik. Habe Freunde und Ideen und studiere in Hannover Filmregie. Jedenfalls beobachte ich meinen Werdegang voller Symphatie und und begleite mich recht gerne.

Nina Heinzel
* 1976 in Kiel, 2003 Diplom Freie Kunst.

Michael Helming

Lebt und arbeitet am Bodensee, pflegt sein Internet-Literaturportal www.michael-helming.de und ist Mitbetreiber des Kleinverlags *Edition Kulturbremse*. Ravensburger Literaturpreis 2002.

Florian H. H. Graf von Hinten

*1969 in Bonn, Autoteileverkäufer, sporadische Lesungen, Slam seit vielen Jahren, Stadtmeister bisher in Bochum, Bonn, Duisburg, Düsseldorf und Wiesbaden, Finalist bei den GIPS 2002 und 2004, Veröffentlichungen grundsätzlich nur, wenn Tina Uebel ruft; ob die Essaysammlung *Der einäugige König* und der Roman *Bei mir treffen sich immer die Irren* erscheinen, bleibt also ungewiss.

Dirk Hülstrunk

Autor, Sound- und Samplepoet, Performer, elektronische Live-Poesie, Projekte mit Rock-Jazz- und elektronischen Musikern. Seit 1998 Organisator und einer der beiden MCs des Frankfurt Poetry Slam im BCN-Café. Zwei eigenständige Buchveröffentlichungen, dazu Publikationen in Anthologien und Zeitschriften, TV und Rundfunkbeiträge sowie unzählige Lesungen und Performances in Deutschland und im europäischen Ausland.

Tobi Kirsch

Slam Master in Oldenburg, Autor, DJ, freier Journalist, Kulturveranstalter. Leidet an der kulturellen Landschaft Oldenburgs und schreibt dennoch Gedichte. Multitasking war lange Zeit sein Credo, doch auch die Badewanne ist ein schöner Ort.
www.slampoetry-oldenburg.de, www.poesie-abend.de

Frank Klötgen

Slamt aus dem Kopf & ohne Text überdrehte Geschichten von schicksalhaften Begegnungen und Körperhygieneabenteuern. ZEIT-Literaturpreisträger, Punksänger, Chansonnier und Webmaster der deutschen Homepages von Marilyn Manson bis Eels. Lebt zurzeit in Berlin und ist zu finden auf www.hirnpoma.de.

Gabriel Koch
*1959, ohne Lichtbild.

Sebastian Krämer
GIPS-Champion (2001 und 2003) und selbst ernannter Europameister im Strip-Maumau. 1975 in Ost-Westfalen-Lippe geboren. Lebt und arbeitet seit 1996 in Berlin als Sänger und Dichter. Zum Glück kann er Kleinkunstveranstaltern meist weismachen, bei dem, was er auf der Bühne tut, handle es sich um Kabarett. Oder gar Comedy (Hust!). Von 1993 bis 2000 Mitglied der Friedberger Akademie für Poesie und Musik SAGO. Veröffentlichungen in Anthologien und auf CDs. Seit November 2002 Gastgeber des Scheinbar-Slam. Im Besitz einer Website: www.sebastiankraemer.de.

Nicolette Kretz
*1977, aufgewachsen in England und der Schweiz. Lebt vom und fürs Theater in Bern und Berlin.

Stan Lafleur
*1968 in Karlsruhe. Lebt in Köln als Autor und Spoken Word Performer. Organisator zahlreicher literarischer Veranstaltungen, Herausgeber der Zeitschrift *elektropansen*, Initiator der Kölner *Sprechecke* und der *Rheinischen Brigade*. Zahlreiche Literaturpreise und Stipendien, u. a. Rolf-Dieter-Brinkmann-Stipendium 2001 und Literaturpreis NRW, Sparte Lyrik 2002; zahlreiche Veröffentlichungen. Letzter Einzeltitel: *laszt uns alle voll so in die gegend gucken*, edition roadhouse, 2003.

Sebastian Leber
*1977. Lebt in Hamburg und bald auch in Berlin. Erste traumatische Erfahrungen im rauen Lokalanzeiger- und Käseblatt-Milieu. Schläft sich seitdem zielstrebig nach oben. Aber mit Würde! Kennt alle 180 Hauptstädte dieser Welt, leider nur mit Namen. Liebt Zettel und Stift genau wie seine Mitmenschen. Gründungsmitglied der Gruppe 47, im Geiste irgendwie.

Renate Leukert
Aufgewachsen im traurigen Krefeld, heute Exildeutsche in der Schweiz, Mathematikerin, verschiedene Slams (Dr.-Buhman-Gedächtnispreis), Lesungen, ein halbes Theaterstück und Potenzial.

Simon Libsig
*1977, der neueste Zuzug zur Schweizer Slamgemeinschaft, Mitorganisator des ersten Badener Poetry Slams und auf Anhieb Münchner Juni-Champion '03 im Substanz. Die Schweizer Antwort auf Bastian Böttcher und der ultimative Beweis, dass der Kanton Aargau noch nicht ganz verloren ist.

Matthias Meppelink
*1982 in Nordhorn, Kindheit und Jugend in der nordwestdeutschen Provinz, Zivildienst in Heidelberg, jetzt Student der Angewandten Theaterwissenschaften in Gießen. www.lyromat.de

Florian Müller
*1974 in Köln, Student der Germanistik, Anglistik und Orientalistik (immer noch nicht fertig …), freier Journalist und Moderator, Autor für den WDR, leidenschaftlicher Fotograf. Diverse Poetry Slams und Lesungen. In diesem Jahr den *Federzirkel* gegründet (www.federzirkel.de). Eine Versammlung netter schreibender Kollegen. Da gibt es auch Texte von uns.

Stevan Paul
*1969. Lebt abwechselnd in Hamburg und seiner eigenen Welt. Gründungsmitglied der *redereihamburg* und Mitveranstalter der monatlichen Lesereihe *Kaffee.Satz.Lesen.* in Hamburg.

Markim Pause
Dichter & Conférencier, Mitbegründer der Düsseldorfer *Poesieschlacht* & der *Poeterey* in Mönchengladbach, exmatrikuliert. www.markimpause.de, www.poesieschlacht.de

Paula Posaune

*1933, Punkrockerin, Studentenpack und gewaltbereite Pazifistin. Auswanderung nach USA im Dezember. Veröffentlichungen in Anthologien.

Boris Preckwitz

Mitveranstalter der Poetry Slams in Hamburg (1997–1998) und Berlin (2000–2002). Veröffentlichungen von Lyrik und Essays in Zeitschriften und Anthologien. Kurator für internationale Spoken-Word-Events bei Literaturfestivals. Alles zu Person und Werk unter: www.slamagoge.de.

Arne Rautenberg

*1967 in Kiel, lebt dort als freier Autor und Künstler. Letzte Veröffentlichungen: *Der Sperrmüllkönig*, Roman; *einblick in die erschaffung des rades*, Gedichte, Hrsg. Dieter M. Gräf.

Dan Richter

*1968 in Berlin. Mitbegründer der Vorleseshows *Chaussee der Enthusiasten* und *Kantinenlesen*. Gastgeber der Berliner *Sonntagabend-Show*.

Gordon Roesnik

Gordon Roesnik, Jahrgang 1973, wohnhaft in Hamburg. Gründungsmitglied von MACHT e.V. und Mitorganisator des monatlichen MACHTclub im Malersaal.
www.macht-ev.de

Bud Rose

Schauspieler, Musiker, Radiomoderator, Voice-Performer und Synchronsprecher. Letztes Projekt *Johnny Johnson* von Paul Green, Musik K. Weill, als Schauspieler & Sänger in Hamburg. Nach wie vor DiE WiNTERREiSENDEN, Premiere 2004. Außerdem Programm mit WWalt: *Bisquit Morbid*.

Martin Schmidt
*1969. Seit acht Jahren als Spoken-Word-Lyriker tätig. Wohnt in Augsburg. 1999 Deutschland-Lesetour. Teilnahme an den GIPS 1999, 2001 und 2003. Beiträge für zahlreiche Anthologien. Mitveranstalter der Augsburger Literaturreihe *Speak & Spell*.

Michael Schönen
*1970 Neuss, vor fünf Jahren nach Köln gezogen. 2002 den vierten Platz beim GIPS belegt, 2003 schon den zweiten Platz. Moderiert die *Lesung auf dem Billardtisch* in Köln.

Dagmar Schönleber
Die Schönleber nähert sich der Dreißig, aber das passiert jedem mal. Hält nicht vom Schreiben und Slammen ab. Motto: Wer den Rock'n'Roll in Geschichten findet, wird vielleicht sogar vierzig. Und vielleicht schafft die Schönleber es dann sogar mal, ernste Texte zu schreiben, wenn nicht: vielleicht auch nicht so schlimm.

Ursula Schötzig
*1972, lebt in Hamburg. Studierte Italienisch und Kunstgeschichte. Auslandsaufenthalte in Florenz und Venedig. Arbeitet gern am Theater. Verschiedene Lesungen in und um Hamburg.

Stefan Schrahe
Wurde 1962 in Waldbröl geboren, lebt heute in Bingen/Rhein. In seinen Texten geht es meist um Alltagsbeobachtungen. Neben Veröffentlichungen in *Brigitte* und *Junge Welt* sowie im Hörfunk (SWR 2) hat er den Grand Slam 2002 des Wiesbadener Poetry Slams und die Darmstädter Dichterschlacht im Januar 2003 gewonnen.

Mario Schreiner
27 Jahre alt, jobbt als Koch, Veranstaltungsmanager und Musiker.

Xóchil Schütz
*1975, Performance-Poetin aus Berlin. www.xochillen.de

Nico Spindler
Getaufter Unterhäuser. Viertel Don Kosake. Ein nachdenkliches Kind mit einem eigenen Sinn für Gerechtigkeit. 4facher Kreismeister, 2facher Kreispokalsieger, VfL Dreihausen. Studium. Schleudertrauma nach Ministry, tags drauf ein Kopfballtor. Spielmacher und Abräumer vor der Abwehr im Meisterschaftsjahr 95/96, TSV Landolfshausen. Ehemaliger Beamter auf Widerruf. Lücken im Lebenslauf. Derzeit Hamburg. Einziger ihm selbst bekannter Mensch, der Schluckauf rein kraft seines Willens stoppen kann!

Johanna Wack
Ich bin 25 Jahre alt, studiere Ernährungswissenschaften in Bergedorf, wohne ab April wieder im schönen Altona, gehe viel feiern und zwischendurch mit dem Hund raus.

Knud Wollenberger
Lebt als TV-Cutter in Berlin. 1999 und 2000 bei den National Slams Rang 4, beim GIPS 2001 Rang 8. Buchveröffentlichung: *Azurazur*, Segler-Verlag (Segler-Verlag.de). www.neuromantik.de

Lino Ziegel
*1984. Schule bis 2003, jetzt Zivi im Kindergarten. Seit 2000 Aktivität als Gaukler, Sachenmacher und Provinzpoet in Mittelhessen, Veranstaltung diverser »alternative« HipHop-Jams. Veranstalter und MC des in Deutschland einmaligen Jazz Poetry Slams in Gießen, bei dem die Slammer spontan von einer Jazzband begleitet werden. Bereisung mehrerer Slams in ganz Deutschland. GIPS 2003 dabei gewesen. Bä.

Die Herausgeber

Hartmut Pospiech

Autor und Literaturaktivist in der Hamburger Clubliteraturszene. MACHTmacher (www.macht-ev.de), Hamburger Slam Master, Geschäftsführer des Writers' Room Hamburg (www.writersroom.de). Prosa und Gedichte in zahlreichen Zeitschriften, Anthologien und auf CD, zuletzt *Dichterschlacht* (Ariel Verlag).

Tina Uebel

Autorin, freie Journalistin, Verlegerin, Grafik-Designerin. Gründungsmitglied des No-Budget-Verlages Edition 406, der Literaturfusion MACHT – *Organisierte Literatur* und des Hamburger Poetry Slams *Hamburg ist Slamburg*. Kurzgeschichtenband: *Frau Schrödinger bewältigt die Welt*. Roman: *Ich bin Duke*, 2002.

www.edition406.de, www.macht-ev.de, www.slamburg.de